Maureen Murdock

Dann trägt mich meine Wolke...

Maureen Murdock

Dann trägt mich meine Wolke...

Wie Große und Kleine
spielend leicht lernen

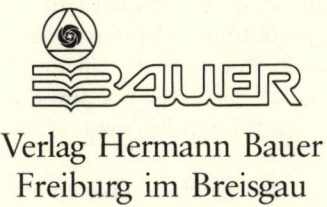

Verlag Hermann Bauer
Freiburg im Breisgau

Die Deutsche Bibliothek – CIP-Einheitsaufnahme

Murdock, Maureen:
Dann trägt mich meine Wolke... : wie Grosse und Kleine spielend
leicht lernen / Maureen Murdock. [Dt. von Beate Gorman]. –
7. Aufl. – Freiburg im Breisgau : Bauer, 1995
  Einheitssacht.: Spinning inward ⟨ dt. ⟩
  ISBN 3-7626-0367-7

Die amerikanische Originalausgabe erschien 1987 unter dem Titel
*Spinning Inward. Using Guided Imagery with Children
for Learning, Creativity & Relaxation*
bei Shambala Publications, Inc., Boston
© 1987 by Maureen Murdock

Mit 32 Abbildungen

Deutsch von Beate Gorman, Marl

7. Auflage 1995
ISBN 3-7626-0367-7
© für die deutsche Ausgabe 1989 by
Verlag Hermann Bauer KG, Freiburg im Breisgau
Alle Rechte der deutschen Ausgabe vorbehalten
Umschlaggestaltung: Klemens Heine, Münster
Satz: studiodruck, Nürtingen
Druck und Bindung: Ueberreuter Buchproduktion, Korneuburg
Printed in Austria

Gedruckt auf clorfrei gebleichtem Papier

Inhalt

Danksagung

Ich möchte all den Kindern und Jugendlichen danken, mit denen ich gearbeitet habe, sowie Jill Mackay, Donna Wabnig und Steve Tomasini, jenen großen Kindern in der Haut von Erwachsenen, die mir beim Unterrichten behilflich waren. Besonderer Dank gebührt meinen Partnern am *Center for Integrative Learning*, mit denen ich von 1980 bis 1984 viele tausend Stunden verbrachte – bei Phantasiereisen, beim Entwickeln neuer Übungen, beim Leiten von Übungssitzungen, beim Warten auf Flughäfen und beim Eisessen: Anne Breutsch, Diane Battung und Beverly-Colleen Galyean. Saul Arbess und Penny Joy waren meine Partner, als ich mit Indianerkindern in British Columbia Meditationsübungen und Videoaufnahmen machte. Ich bin beiden für ihre Anpassungsfähigkeit, ihren Humor und ihre Hingabe bei der Erziehung von Kindern zu Dank verpflichtet. Von ganzem Herzen danke ich Dr. Paul Cummings, dem Direktor der *Crossroads School* in Santa Monica, Kalifornien, der den Wert von Meditationsübungen schon frühzeitig erkannte und mir die Erlaubnis und seine Unterstützung gab, diese Techniken im Klassenzimmer anzuwenden und zu untersuchen. Polly McVickar, meine Ratgeberin am *Pacific Oaks College*, ermutigte mich immer wieder, über die unmittelbaren Ergebnisse hinauszusehen.

Viele Übungen in diesem Buch wurden durch die Arbeit von Deborah Rozman an der *University of the Trees* angeregt, durch meine frühere Partnerin Beverly-Colleen Gaylean und durch Jean Houston, Direktorin der *Foundation for Mind Research* in New York. Ich bin Dr. Houston zu großem Dank verpflichtet dafür, daß sie mir gestattete und mich sogar ermutigte, die von ihr entwickelten Übungen, besonders »Hero's Journey« an Kinder und Jugendliche anzupassen.

Ich wurde in den letzten vier Jahren durch die Forschung von Dr. Howard Gardner von der Harvard Universität ermutigt, der die Theorie der Mehrfachintelligenz vorstellte. Dazu zählen Sprachtalent, musikalische und logisch-mathematische Begabung, räumliches Sehen, persönliches Geschick und das Bewegungsgefühl. Er befürwortet die Förderung interpersonaler Intelligenz ebenso wie die intrapersonaler Intelligenz, die das Individuum erkennen läßt, wer er oder sie ist. Geleitete Phantasiereisen sind ein gründlich erforschtes Mittel zur Förderung intrapersonaler Intelligenz.

Ich danke besonders meinem Meditationspartner Midge Bowman, mit dem zusammen ich eine Vision für die Erziehung des Geistes hatte. Weitere Mitarbeiter, die mir bei meiner Arbeit große moralische Unterstützung gaben, sind Flor Fernandez, Marti Glenn, Jeanette Jara, Carolyn Kenny, Shanja Kirstann, Steve Morgan, Betty Rothenberger, Sharyn McDonald, Jane Alexander Stewart und Robin Van Doren. Kelvin Jones und Meibao Nee fotografierten meine Schüler und mich, und Roberta Scotthorne überließ mir Bilder von Schülern in British Columbia. Emily Sell und Kendra Crossen, meine Herausgeber bei Shangrila, unterstützten mich mit ihrem Humor.

Besonderer Dank gilt Siddharta Olmedo, Drew Schaeffer, Heather Murdock, Laura Braverman, Jenny Belin, Sean Nordquist, Adam Hausmann, Jessica Yellin, Kevin Greenberg, Taro Joy, Jenny Reich, Christie Sanders, Heather Seineger, David Roberts, Alex Marshall, Erinn Berkson, Bekki Misiorowski, Andy Guss und Matt Nasatir für ihre Zeichnungen und ihre Berichte.

Mein Mann Lucien Wulsien unterstützte mich mit seinem guten Willen und seiner Liebe. Besonders dankbar bin ich für seine Geduld, seine Kochkünste und seine Rückenmassagen, während ich an diesem Buch schrieb. Meine Kinder, Heather und Brendan, eröffneten mir die Welt der Bildvorstellungen bei Kindern zuerst, und ihre Bilder waren eine nie versiegende Quelle des Zaubers und der Freude. Außerdem lehrten sie mich mehr als alle anderen über das sich entfaltende Geheimnis der menschlichen Kreativität, wofür ich ihnen sehr dankbar bin.

Besonderer Dank gebührt auch meinen Eltern, Matthew und Julia Hennessey, und Lucien Wulsien Sr.

Einleitung

Dieses Buch über geleitete Phantasiereisen mit Kindern und Jugendlichen entstammt einem phantastischen Traum, den ich im August 1979 hatte. In meinem tiefsten Innern hörte ich einen heftigen Urseufzer und spürte dann das langsame, schmerzhafte Wachsen eines riesigen Baumes, der in der Mitte meines Körpers aus der Erde brach. Er wurde immer größer, bis die Zweige oben aus meinem Kopf herauswuchsen. Unter seinen Wurzeln lagen zwei Steintafeln, die mit nicht enträtselbaren Hieroglyphen beschrieben waren. Am Anfang war ich von der Intensität des Traumes erschüttert, aber mir wurde klar, daß dieser Traum mir den Auftrag gab, etwas zu tun. Für mich bedeuteten die Tafeln die unberührten Tiefen des menschlichen Geistes.

In den letzten zwanzig Jahren war ich als Elternteil, als Erzieherin und als Lernende von einigen sehr grundlegenden Fragen fasziniert. Wie lernen wir? Wie können wir unsere Kreativität vergrößern? Warum wissen wir einige Dinge intuitiv? Mitte der siebziger Jahre begann ich, mich mit Literatur über Bewußtseinserweiterung zu befassen und zu meditieren. Als ich nach einigen Monaten die beruhigende Wirkung der Meditation an mir selbst feststellen konnte, machte ich meine beiden kleinen Kinder mit der Technik vertraut. Durch ihre Reaktion angeregt, erprobte ich kurze Konzentrationsübungen in meiner Kindergartengruppe. Die Ergebnisse versetzten mich in Erstaunen. Durch eine einfache Entspannungsübung zu Beginn des Tages wurden die Kinder und ich selbst ruhiger, und wir konnten mehr aufeinander eingehen. In meiner Gruppe konnte man beobachten, daß Aufmerksamkeit und Kreativität zunahmen, die Fähigkeit, zuzuhören, entwickelte sich besser, und die Kinder achteten mehr auf ihre gegenseitigen Gefühle.

Von diesen Ergebnissen angeregt, las ich die Werke von Jean Houston, Deborah Rozman und George Leonard, die eine stärkere Integration von Verstand, Körper und Seele forderten. Als ich einige ihrer Übungen für Körper, Geist und Seele in einer

13

dritten Klasse, die ich damals unterrichtete, anwendete, beobachtete ich, daß die Kinder ihre Fähigkeit zu lernen rasch weiterentwickelten und einen Weg fanden, mit der schweren Erkrankung eines Klassenkameraden positiv umzugehen.

1978 schrieb ich einen Artikel mit dem Titel »Meditation mit kleinen Kindern«, der vom *Journal of Transpersonal Psychology* veröffentlicht wurde. Ich erhielt Hunderte von Briefen von anderen Eltern und Lehrern aus den USA, Europa, der Sowjetunion, Neuseeland und den Philippinen, die diese Techniken erfolgreich angewendet hatten. Eltern beschrieben, wie sie Phantasiereisen benutzten, um ihre Kinder zu entspannen und die Familienzusammengehörigkeit zu festigen. Schüler berichteten, daß sie Meditationsübungen benutzten, um sich vor einer Prüfung zu entspannen. Jugendliche fragten nach Übungen, um mit einer Scheidung in ihrer Familie, dem Wechsel an eine neue Schule oder mit dem Problem, neue Freunde zu finden, besser zurechtzukommen. Lehrer berichteten von besseren Prüfungsergebnissen, wenn sich ihre Schüler entspannten.

Ich entwickelte neue Phantasiereisen für meine Grundschulklassen und begann dann, andere Eltern, Lehrer und Therapeuten in dieser Technik zu unterrichten. Solche Übungen wurden zwischen 1978 und 1981 an den städtischen Schulen von Los Angeles in Projekten an den *Bell High* und *Main Street* Grundschulen benutzt. In einer Pilotuntersuchung mit derartigen Übungen bei Indianern im Schulalter lehrte ich 1500 Lehrer, Kinder und Jugendliche 1981 in ganz British Columbia diese Techniken. Die Ergebnisse wurden in einem Sonderbericht vom Ministerium für Erziehung dokumentiert. Er hatte den Titel *Neue Strategien bei der Erziehung von Indianern: Die Überlegenheit von Indianerkindern in Grundschulklassen*.

In der ersten Ausgabe dieses Buches (Culver City, Calif.: Peace Press, 1982) galt mein Hauptinteresse den Grundschulkindern im Alter von fünf bis zwölf Jahren. Seither hatte ich die Möglichkeit, die Wirksamkeit von Phantasiereisen bei Jugendlichen zu untersuchen. Dieses Buch wurde erweitert, um Entwicklungsstadien in der Pubertät anzusprechen und um zu zeigen, wie Phantasiereisen unter Anleitung von Lehrern oder Eltern ein wirksames Werkzeug sein können, um den Übergang von der Kindheit ins Erwachsenenalter zu erleichtern. Ich leite einen Kursus über menschliche Entwicklung mit dem Titel »Geheimnisse« für Schüler der Unterstufe und Schüler der zwölften Klasse an der *Crossroads School* in Santa Monica, Kalifornien. Die Übungen haben sich für alle Altersgruppen als wirkungsvoll erwiesen und helfen bei Entspannung, Konzentration und Erweiterung des Bewußtseins.

Dieses Buch soll als Anleitung dienen, Phantasiereisen zu Hause durchzuführen, im Klassenzimmer oder bei Beratungssitzungen. Führen Sie die Übungen zuerst allein durch. Kehren Sie in die Phantasiewelt und in die Freiheit zurück, die Sie als Kind besaßen. Wenn Sie schließlich in der Lage sind, andere anzuleiten, können Sie die Übungen entweder laut vorlesen oder sie auf Tonband aufnehmen, damit Sie auch selbst daran teilnehmen können. Diese Übungen wurden mit einem einzelnen Partner, in kleinen Gruppen, in der typischen Atmosphäre des Klassenzimmers und auf großen Trainingssitzungen mit bis zu zweihundert Erwachsenen durchgeführt.

Bei derartigen Übungen kann man in sich gehen, die Aufmerksamkeit auf Atmung und körperliche Entspannung konzentrieren und tiefere Bewußtseinsebenen erreichen, in denen dem Verstand mehr Bilder zugänglich sind. Man kann sich eine schöne Fahrt ans Meer oder in die Berge vorstellen, das Zusammentreffen mit einem weisen Meister im Innern oder das Gefühl, in einem beliebigen Bereich, auf den man sich konzentriert, erfolgreich zu sein. Jedesmal, wenn ich eine Phantasiereise leite, lerne ich etwas Neues über die unendlichen Möglichkeiten, die diese Technik für das Lernen, Heilen und die Kreativität hat.

Kapitel 1

Unsere Kinder – einmal anders gesehen

Unsere Kinder sind intelligenter als je eine Generation zuvor. Früher stellte man sich ein Neugeborenes wie ein leeres Gefäß vor, das darauf wartet, mit der Weisheit seiner klugen Eltern und der allwissenden Gesellschaft gefüllt zu werden. Diese Theorie ist längst nicht mehr gültig. Unsere Großeltern wußten, wovon sie sprachen, als sie sagten, daß Weisheit »aus Kindermund« kommt.

Unsere Kinder wissen viel mehr, als wir ihnen zutrauen. Ihr inneres Wissen läßt sie die Gegenwart und Zukunft viel klarer sehen, als wir es vermögen, und sie entwikkeln sich viel schneller und besser als wir früher. Aus diesem Grund reichen die gegenwärtigen Lehrmethoden für sie einfach nicht aus.

Es ist nicht genug, ihnen eine stimulierende Umgebung zum Lernen zu geben; wir müssen sie auch bestärken. Hunderttausende von Kindern verlernen wieder, was sie schon wissen, weil wir ihre Kenntnisse nicht wahrnehmen. Sie verlernen ihre eigene, ganz persönliche Lernmethode, weil manche Lehrer glauben, daß sie mogeln, wenn sie sich zu leicht an das Gelernte erinnern. Oft berichten Erwachsene, daß sie ihr photographisches Gedächtnis als Kinder ausgelöscht haben, weil sie nicht wollten, daß ihre Lehrer glaubten, sie lernten zu schnell.

Dieses Buch handelt davon, wie man leicht, kreativ und ohne Streß lernt. Wir werden Imaginationstechniken als Hilfsmittel benutzen, damit unsere Kinder erkennen können, was sie bereits wissen, und um den Lernprozeß zu beschleunigen. Diese Techniken sind einfach anzuwenden und brauchen nicht viel Zeit, kein Geld und kein Arbeitsmaterial. Sie können immer mitreisen. Wir müssen nur erkennen, daß wir Phantasiebilder eigentlich ständig benutzen, ohne uns darüber im klaren zu sein, daß wir sie für uns arbeiten lassen können.

Was sind Phantasiebilder?

Stellen Sie sich einmal vor, daß Sie jetzt am Meer sitzen.
Sie fühlen eine leichte Salzbrise auf Ihrem Gesicht und die warme Sonne auf Ihrem Rücken. Sie hören das Tosen der Wellen, die sich im glitzernden, nassen Sand brechen.

Sie haben dieses Bild vielleicht nicht »gesehen«, aber möglicherweise haben Sie die Wärme der Sonne gespürt oder gehört, wie die Wellen heranbrausten. Denken Sie einen Augenblick darüber nach. Wie stellen Sie sich Dinge in Ihrer Phantasie vor? *Sehen* Sie Filme in Ihrem Kopf, *hören* Sie Symphonien, *riechen* oder *schmecken* Sie Worte oder Ideen, oder *fühlen* Sie sie in Ihrem Körper? Wahrscheinlich verbinden Sie mehrere dieser Formen miteinander.

Haben Sie jemals daran gedacht, Ihre Bildvorstellungen aktiv zu nutzen? Phantasiereisen sind ein sehr wirksames Lernwerkzeug. Durch die Nutzung unserer Vorstellungskraft vergrößern wir unsere Konzentration und unser Gedächtnis, verbessern das theoretische Lernen und bringen es im Sport zu Höchstleistungen. Positive, entspannende Bilder helfen uns, Streß zu verringern. Die medizinischen Fakultäten großer Universitäten untersuchen die Bedeutung der Imagination beim Heilungsprozeß. Erfolgreiche Geschäftsleute machen sich Bilder jeden Tag zunutze. Jeder gute Verkäufer kennt die Macht positiver Bilder zur Umsatzsteigerung.

Kinder denken meist in Bildern. Sie erfahren Dinge mit all ihren Sinnen. Diese natürliche Fähigkeit, mit sinnlichen Bildern zu lernen, verlieren sie jedoch, wenn wir sie nicht darin bestärken. Es gibt einige interessante Dinge, die Eltern und Erzieher über Bildvorstellungen über das Lernen und über das Gehirn wissen sollten.

Das Gehirn beim Lernprozeß

Wir lernen mehr, wenn wir entspannt sind. Informationen sind uns leichter zugänglich, wenn unsere Gehirnwellen in einem langsameren, großen Muster verlaufen. Wenn wir uns nicht von unserer Umgebung ablenken lassen und uns auf unsere Atmung und die Muskelentspannung konzentrieren, verlangsamen sich unsere Gehirnwellen.

Sie wissen sicher aus Erfahrung, daß man plötzlich Lösungen für Probleme findet, die man stundenlang zu »lösen« versucht hat, wenn man entspannt und ruhig ist.

Wenn sich der Körper abends im Bett von den Aktivitäten des Tages erholt, erhält man plötzlich nach Tagen des Nachdenkens eine Einsicht.

Albert Einstein, den man für einen unzugänglichen, schwerfälligen Schüler hielt, entdeckte die Relativitätstheorie genau auf diese Weise. Eines Tages, als er auf dem Rücken lag und versunken beobachtete, wie das Sonnenlicht durch seine Wimpern gefiltert wurde, fragte er sich, wie es wohl wäre, auf einem Sonnenstrahl zu reisen. Er ließ seinen Verstand durch diese Bildvorstellung wandern und wußte plötzlich genau, was vor sich gehen würde. Diese kreative Einsicht ermöglichte es ihm, die Theorie zu vervollständigen, die ihn so berühmt machte.

Von Einstein wird gesagt, daß er beide Hirnhälften gleichzeitig einsetzte. Seine Ideen kamen zuerst als visuelle Bilder, die er dann in Worte und mathematische Gleichungen übersetzte. Er ließ diese Information zwischen den Hirnhälften durch das *Corpus callosum*, das Bündel von Nervensträngen, die die zwei Hirnhälften miteinander verbinden, hin- und herwandern. Er soll gesagt haben, seiner Meinung nach sei der wichtigste Aspekt der Intelligenz die Fähigkeit, Bildvorstellungen zusammen mit der Information, die uns bekannt ist, zu nutzen.[1]* Dies ist eine Möglichkeit, um mit dem ganzen Gehirn zu lernen.

Der Lernprozeß findet im gesamten Gehirn statt. Die Forschung der letzten Zeit hat ergeben, daß das Gehirn aus zwei Hälften besteht, der rechten und der linken. Jede Hälfte übernimmt bevorzugt bestimmte Aufgaben. Diese Aufgaben sind nicht *im* Gehirn lokalisiert. Es ist lediglich so, daß jede Hirnhälfte bestimmte Arten von Informationen verarbeitet, – so etwas wie eine stille Abmachung zwischen der rechten und linken Hälfte über die Koordination von Aufgaben. Es ist wichtig, im Auge zu behalten, daß immer das ganze Gehirn am Lernprozeß beteiligt ist.

Wir alle kennen den sich klar ausdrückenden, logisch-analytischen Menschen, der mit der »linken Hirnhälfte« denkt. Meistens stellen wir uns Ingenieure, Buchhalter und Rechtsanwälte vor, wenn wir an diese Eigenschaften denken. Solche Menschen gehen ein Problem meist logisch, Schritt für Schritt an. Ein Kind, das auf diese Art und Weise lernt, hat meist sehr gute Noten in der Schule, weil unser Erziehungssystem auf mündliche, schriftliche und mathematische Aufgaben und auf ein Tatsachengedächtnis eingestellt ist.

Derjenige, der mit der »rechten Gehirnhälfte« denkt, ist der ästhetische, synthetische, holistische Denker, der sich in Kunst, Musik, Architektur, Athletik und ande-

---

* Die hochgestellten Ziffern beziehen sich auf die Anmerkungen, die am Schluß des Buches ab Seite 170 kapitelweise zusammengefaßt sind.

ren nichtverbalen Bereichen hervortut. Diese Menschen gehen ein Problem holistisch an, das heißt, als ganzes von Anfang bis Ende und nicht Schritt für Schritt. Sie erkennen das »Licht am Ende des Tunnels«, können aber wahrscheinlich nicht erklären, wie man in Abschnitten dorthin gelangt.

Eigentlich kann man diese Eigenschaften nicht jeweils ganz der linken oder rechten Hirnhälfte zuordnen, aber man kann davon ausgehen, daß die Schulen immer eine Art des Lernens bevorzugt haben, nämlich verbal, linear, folgerichtig, tatsachenorientiert. Ein Kind, das nicht auf diese Art und Weise lernt, paßt nicht dazu.

Dr. Michael Grady von der Universität St. Louis zeigt einige Grenzen des jetzigen Schulsystems beim Lernen und Überprüfen des Gelernten auf. »Wir lassen die Begabung außer acht, die von beiden Arten der Verarbeitung in den gleichzeitig operierenden Gehirnhälften abhängt, wenn wir uns nur auf das Lesen der linken Gehirnhälfte als primäre Methode beim Lernen und Prüfen verlassen.«[2] Wenn man seine Imagination benutzt und darauf eine verbale, schriftliche oder künstlerische Aufgabe folgen läßt, wird das ganze Gehirn trainiert.

Das Gehirn als Hologramm

Erinnerungen werden nicht nur in einem Teil des Gehirns gespeichert. Wir prägen uns nicht Tatsachen ein und bewahren sie in einer dafür vorgesehenen Abteilung auf. Die Untersuchungen Dr. Karl Pibrams von der Stanford Universität legen nahe, *daß Erinnerungen im ganzen Gehirn aufbewahrt werden.*

Pibram vergleicht das Gehirn mit einem Hologramm. Stark vereinfacht ausgedrückt ist ein Hologramm ein dreidimensionales Abbild eines Bildes, das in den Raum projiziert wird. Tausende verschiedener Bilder können auf ein und derselben Platte aufgenommen werden, und jedes einzelne kann von allen Teilen der Platte aus rekonstruiert werden. Selbst wenn die Photoplatte zerstört würde, könnte zusammenhängendes Licht durch einen Teil hindurchgelassen werden, um das ganze dreidimensionale Bild zu rekonstruieren.

Pibram erklärt, daß auch das Gehirn wie ein Hologramm funktioniert. Millionen von Bildern werden im ganzen Gehirn aufbewahrt, und alle Erinnerungen befinden sich in jeder einzelnen Gehirnzelle. Wir können uns an etwas erinnern, wenn wir ein Bild der ursprünglichen Bedingungen und des ursprünglichen Zusammenhanges haben, in dem wir es gelernt haben.[3]

Dies ist nicht schwer zu verstehen, wenn wir an neuere Untersuchungen der

Fähigkeiten der linken Gehirnhemisphäre

Verbal: Gebraucht Wörter zur Bezeichnung, Beschreibung und Definition.

Analytisch: Wahrnehmungen werden Schritt für Schritt und Teil um Teil zergliedert.

Symbolisch: Benutzt Symbole, die für etwas anderes stehen, zum Beispiel das Zeichen ☞ für Auge, das Zeichen + für die Addition.

Abstrakt: Wählt einen kleinen Teil der in einer Wahrnehmung enthaltenen Information aus und benutzt ihn zur Wiedergabe des wahrgenommenen Ganzen.

Zeitlich: Achtet auf Zeit und Reihenfolge; macht stets eins nach dem anderen.

Rational: Zieht Schlußfolgerungen mit Hilfe des Verstandes auf der Grundlage von Fakten.

Digital: Rechnerische Verwendung von Zahlen.

Logisch: Zieht Schlußfolgerungen auf der Basis logischer Gesetze: Eins folgt in logischer Ordnung aus dem anderen, zum Beispiel ein mathematischer Lehrsatz oder eine unumstößliche Beweisführung.

Linear: Verkettet Gedanken – aus einem folgt immer direkt der nächste –, was zu konvergenten Schlüssen führen kann.

Fähigkeiten der rechten Gehirnhemisphäre

Nonverbal: Innewerden der Dinge, äußerst geringer Bezug zu sprachlichem Ausdruck.

Synthetisch: Wahrnehmungen werden zu einem Ganzen zusammengefügt.

Konkret: Bezieht sich auf die Dinge in ihrem jeweils gegenwärtigen Zustand.

Analog: Entdeckt Übereinstimmungen und versteht bildliche Zusammenhänge.

Nichtzeitlich: Ohne Zeitgefühl.

Nichtrational: Bedarf keiner rationalen oder faktischen Basis; ist bereit, auf eine Entscheidung oder Beurteilung zu verzichten.

Räumlich: Erschaut Dinge in ihrem Verhältnis zu anderen Dingen und Teile in ihrem Verhältnis zum Ganzen.

Intuitiv: Schließt vorhandene Lücken. Erschaut Systeme, Modelle oder Bilder durch plötzliche Eingebung.

Ganzheitlich: Erfaßt etwas auf einmal und als Ganzes, nimmt durchgehende Muster und Strukturen wahr, was oft zu divergierenden Schlüssen führt.

Quelle: Betty Edwards: *Garantiert Zeichnen lernen. Das Geheimnis der rechten Hirn-Hemisphäre und die Befreiung unserer schöpferischen Gestaltungskräfte*, Rowohlt Verlag, Reinbek, 1982, Seite 56

DNS-Moleküle denken. Biologen haben entdeckt, daß der Entwurf des ganzen Körpers im Kern jeder einzelnen Körperzelle enthalten ist, einschließlich der Haar- und Nagelzellen. Wenn der Gesamtplan unseres Körpers in jeder Zelle enthalten ist, scheint es nur natürlich, daß sich auch unser Gedächtnis in jeder Zelle unseres Gehirns oder Körpers befindet.

Multisensorisches Lernen

Die Schlüsse, die man aus dieser Theorie über die Funktion des Gehirns ziehen kann, sind faszinierend. Demnach ist das Bild jeder Blume, an der wir gerochen haben, jede Berührung, die wir gefühlt haben, jeder Sonnenuntergang, den wir bewundert haben, im ganzen Gehirn vorhanden. Wenn wir erkennen, welche Rolle unsere Sinne beim Lernprozeß spielen, können wir sie dazu verwenden, diese Erinnerungen an die Oberfläche gelangen zu lassen.

Wir können zum Beispiel eine Zahlenreihe, die wir auswendig lernen wollen, mit den Geräuschen und Gerüchen in Zusammenhang bringen, die wir wahrnehmen, während wir uns die Zahlen einprägen. An die Rechtschreibung können wir uns vielleicht durch Farbassoziationen erinnern oder dadurch, wie die Wörter sich anfühlen. Der Lernprozeß ist nicht auf rein mechanisches Auswendiglernen beschränkt, wenn wir unsere Sinne benutzen.

Die meisten Kinder besitzen die natürliche Fähigkeit, Erinnerungen aufzubewahren, indem sie mit ihren Sinnen eine Verbindung herstellen. Kevin, einer meiner Schüler in der dritten Klasse, verband die Neuner-Reihe des Einmaleins mit dem Geruch von Pfannkuchen. Sein Vater hatte an dem Morgen, als Kevin die Neuner-Reihe auswendig lernte, Pfannkuchen gebacken. – Dr. Jean Houston sagt, daß Kinder Farben hören, Klänge sehen, Zeit schmecken und Duft fühlen können.[4] Sie sind Synästheten, das heißt, bei ihnen wird durch die Reizung eines Sinnes ein anderer miterregt. Dieses »Überkreuzdenken« erweitert das Gedächtnis.

Ein berühmtes Beispiel für ein sensorisches Gedächtnis ist »S«, ein Zeitungsreporter, der von dem russischen Psychologen A.R. Luria wegen seiner bemerkenswerten Fähigkeit, sich an Einzelheiten zu erinnern, untersucht wurde. Luria testete sein Erinnerungsvermögen auf verschiedene Weise, unter anderem las er S eine Liste mit mehreren sich wiederholenden, unsinnigen Silben vor, in denen kein Muster in der Folge erkennbar war. S erinnerte sich nicht nur an die ganze Liste, sondern konnte sie auch in ihrer Gesamtheit noch acht Jahre später wiederholen.

Die Antwort des Reporters war: »Ja ... ich erinnere mich, es ist eine Liste, die sie mir einmal vorgelesen haben, als wir in Ihrer Wohnung waren. Sie saßen am Tisch und ich saß im Schaukelstuhl. Sie trugen einen grauen Anzug und schauten mich auf diese Weise an ... Ich sehe jetzt vor mir, wie Sie sagten ...«, und dann wiederholte er die ganze Serie perfekt.

Als man ihm eine willkürliche Liste mit Gegenständen gab, an die er sich erinnern sollte, machte sich S spontan eine starke Vorstellung von dem Gegenstand und assoziierte ihn mit irgendeinem Objekt auf einer Straße, die er kannte. Er konnte sich an die Liste von Gegenständen erinnern, indem er im Geist die Straße entlangging und die Objekte sah, die er mit jenen Gegenständen in Verbindung gebracht hatte.[5]

Eine meiner Schülerinnen in der dritten Klasse brachte Zahlen mit Reimwörtern in Verbindung. Wenn sie sich an eine Summe erinnern mußte, dachte sie einfach an die Reimverbindung. So wurde zum Beispiel aus »zwei plus zwei gleich vier« ein »blaues Wassertier«.

Unsere Kinder, die so lernen, verlieren diese natürliche Fähigkeit meist wieder, weil sie von Eltern und Lehrern nicht gefördert wird und diese eine solche Art zu lernen oft für albern halten. Wenn Kinder nicht so lernen, wie es die Schule vorschreibt, werden sie übergangen oder als »lernbehindert« eingestuft. Durch geleitete Phantasiereisen können Eltern und Erzieher Kinder in ihrer natürlichen Fähigkeit, mit den Sinnen zu lernen, bestärken und damit auch ihre Lernfähigkeit in der Schule verbessern.

Kapitel 2

Der Umgang mit Phantasiebildern

Der Umgang mit Phantasiebildern ist wie das Essen einer Artischocke. Wenn wir die harten äußeren Blätter abschälen, finden wir die weicheren, feineren Blätter und das schmackhafte Fruchtherz im Innern. Mit Phantasiebildern ist es genauso. Die dickeren äußeren Blätter sind die Anspannungen, die in unserer täglichen Umgebung existieren. Indem wir die Ablenkungen durch unser tägliches hektisches Leben ausschließen, finden wir den Reichtum an Kreativität und Weisheit in unserem Innern.

Geleitete Phantasiereisen sind ein Mittel, um die Kreativität aus ihrem Gefängnis zu befreien. Die Übungen in diesem Buch sind nicht als therapeutische Hilfsmittel zur Behandlung neurotischer Verhaltensweisen oder psychischer Erkrankungen zu verstehen. Es ist zwar richtig, daß geleitete Phantasiereisen auch in der klinischen Psychotherapie angewendet werden, aber darum geht es in diesem Buch nicht. Ich hoffe vielmehr, daß diese Übungen Kindern und Erwachsenen eine Möglichkeit geben, gemeinsam ein erfüllteres, kreativeres Leben zu erfahren.

Sie können diese Übungen der Reihe nach machen, aber vielleicht möchten Sie lieber einige überschlagen und sich die Übungen heraussuchen, die auf Ihre speziellen Bedürfnisse abgestimmt sind. Ich schlage aber vor, den Prozeß mit der Entspannungsübung im dritten Kapitel zu beginnen.

Wir machen es uns bequem

Als ich das erste Mal mit Phantasiebildern arbeitete, hatte ich mehrere Monate lang für mich allein Atem- und Entspannungsübungen gemacht. Ich benutzte die Entspannungsübungen, um mich in einer Zeit voller emotionaler Probleme in unserer Familie zu konzentrieren und zu beruhigen.

Als ich meinen Kindern, die damals vier und sechs Jahre alt waren, davon erzählte, sagte ich ihnen, ich mache eine Übung, die Spaß macht und mit der ich ruhiger werden und in mich hineinhören könnte. Ich erklärte Heather und Brendan, daß es so etwas wie Tagträumen sei, und daß wir wahrscheinlich durch diese Übungen mehr lernen könnten, ruhiger würden und mehr Spaß miteinander hätten. Ich bat sie, es mit mir gemeinsam zu versuchen, und wir besprachen, welcher Zeitpunkt uns allen am besten passen würde. Wir wählten den Spätnachmittag, um mit unseren Phantasien zu »spielen«, und wir nannten diese Zeit zusammen unsere »stille Zeit«.

Die Wahl des Zeitpunkts

Zu Hause

Der Tagesablauf jeder einzelnen Familie diktiert wahrscheinlich den geeignetsten Zeitpunkt für die Übungen. Viele Familien bevorzugen den frühen Morgen, bevor die einzelnen Familienmitglieder zur Schule oder zur Arbeit gehen. Einige Eltern haben mir erzählt, daß die Phantasiebilder das allabendliche Fernsehprogramm ersetzen. Anschließend werden Geschichten erzählt, die sich aus den Bildvorstellungen entwickeln.

Manche machen eine kurze Entspannungsübung vor dem Abendessen, damit alle Familienmitglieder ohne Anspannung und ohne die Unruhe essen können, die oft so charakteristisch für Familienmahlzeiten ist. Eltern, die zu Hause sind, wenn ihre Kinder aus der Schule kommen, machen oft dann eine Phantasiereise mit ihnen, damit sich die Kinder nach einem anstrengenden Tag erholen können.

Im Klassenzimmer

Lehrer setzen kurze Entspannungsübungen vor Unterrichtsbeginn, nach dem Mittagessen, vor bestimmten Unterrichtsstunden oder vor Klassenarbeiten ein. Das Schlüsselwort heißt hier Konsequenz. Die Festlegung einer bestimmten Zeit am Tag oder in der Woche schafft eine gewisse Kontinuität für Sie und die Kinder. Die Schüler werden sich auf diesen Moment freuen. Sie müssen nicht sehr viel Zeit aufwenden; fünf Minuten reichen für den Anfang. Sie werden die Übungsdauer allmählich verlängern, je mehr Sie sich in diesem Prozeß zurechtfinden.

In meiner dritten Klasse spielte sich etwa folgendes ab:

Es ist 8 Uhr 55, und ich schalte das Licht im Klassenzimmer aus. Die meisten Kinder halten mitten in der Bewegung oder im Satz inne. Einige Kartenfanatiker, die in der mit Kissen ausgelegten Leseecke Quartett spielen, machen mit unterdrückten Stimmen weiter. Die Tauben gurren in ihrem Käfig. Wir hören, wie eine Reihe von Dominosteinen umfällt, die Tim in einem komplizierten Muster aufgebaut hat. Ich schalte das Licht wieder ein, und die Kinder vollenden die Worte oder Sätze, die ihnen auf der Zunge lagen. Sie legen ihre Spiele und Stifte weg, hängen ihre Jacken auf und versammeln sich langsam auf dem Teppich.

Wir (achtundzwanzig insgesamt) lassen uns auf dem Teppich nieder und bilden zwei konzentrische Kreise. Ich warte, bis jeder einzelne es sich bequem gemacht hat. »Warum hängst du deine Jacke nicht auf, John? Das ist bestimmt bequemer für dich... Alan, meinst du, daß du neben Joe sitzen kannst, ohne die ganze Zeit mit ihm zu reden?... Oh, Marissa, du bist wieder da! Wie war die Reise?« Nach ein paar Minuten, in denen noch herumgealbert und gegähnt wird, werden die Kinder und ich ruhig, und wir beginnen mit unserer täglichen stillen Zeit.

»Nehmt eine Position ein, in der ihr einige Minuten lang bleiben könnt, und schließt die Augen. Konzentriert euch auf eure Atmung. Richtig so, entspannt euch, fühlt, wie ihr die Muskeln in eurem Körper mit jedem Atemzug entspannt. Einatmen... und... ausatmen... ein... und... aus.«

Welches ist die beste Umgebung?

Zu Hause

Suchen Sie sich im Haus oder draußen einen Platz, an dem Sie nicht abgelenkt werden können. Stellen Sie das Telefon ab und machen Sie freundlichen Nachbarn klar, daß Sie beschäftigt sind. Ein phantasievolles Zeichen, etwa *Genie bei der Arbeit – bitte nicht stören*, erfüllt bestimmt seinen Zweck.

Vielleicht möchten Sie Ihre Umgebung für diese Zeit mit Kissen oder Matten und Pflanzen ausschmücken. Machen Sie es sich gemütlich. In manchen Familien bringen die einzelnen Familienmitglieder ein bestimmtes Kissen mit ins Wohnzimmer, das für die stille Zeit reserviert ist, wenn es Zeit ist anzufangen. So wird angedeutet, daß der Prozeß beginnen kann, ohne daß viel darüber geredet werden muß.

Eine meiner Schülerinnen machte aus ihrem Wandschrank ein »Meditationszimmer«. Sie räumte ihn aus und legte weiche blaue Kissen hinein. Dann bat sie ihre Mutter jeden Abend, sie durch die Phantasiereise zu führen, die wir an dem jeweiligen Tag gemeinsam in der Klasse gemacht hatten. Diese Übungen halfen ihrer Mutter, eine sehr schmerzliche Scheidung durchzustehen.

Im Klassenzimmer

Wenn es im Klassenzimmer eine mit Teppich ausgelegte Ecke gibt, kann die Klasse dort im Kreis oder in zwei konzentrischen Kreisen sitzen. Ältere Kinder können an ihrem Tisch sitzen und den Kopf auflegen, oder sie schließen einfach die Augen oder sehen zu Boden. Ein vorher abgesprochenes Signal, das den Beginn der Phantasiereise anzeigt, ist hilfreich. Ich habe die Lichter ausgeschaltet. Beruhigende Musik, ein Gong oder eine Glocke und das Anzünden einer Kerze sind Mittel, die andere Lehrer erfolgreich eingesetzt haben.

Ihre Gemütsverfassung

In entspanntem Zustand kann man am besten mit geistigen Bildern arbeiten. Wenn Sie den Versuch unternehmen, eine Phantasiereise zu leiten, obwohl Sie verärgert oder aufgeregt sind, wird dies den Verlauf der Übung sicherlich stören. In einigen Familien und Klassen werden sogar Entspannungsübungen gemacht, bevor man versucht, einen Streit zu schlichten. Die Problemlösungen sind dann flexibler und kreativer.

Die Übungen machen Spaß. Sie und Ihre Kinder teilen etwas miteinander, das Sie normalerweise anderen nicht zeigen. Vielleicht werden Sie feststellen, daß sie näher zusammenrücken. Möglicherweise entdecken Sie, daß die stille Zeit Ihnen hilft, Ihre Wünsche, Träume und Ängste miteinander zu teilen.

Widerstand gegen Phantasiereisen

Zu Hause

Möglicherweise sind einige Ihrer Familienmitglieder nicht bereit, an den Übungen teilzunehmen, aber lassen Sie sich nicht entmutigen. Erklären Sie dem zurückhaltenden Kind oder Ehepartner, daß Sie diese Übungen erproben wollen, damit Sie sich alle besser entspannen können, Ihre Lernfähigkeit erhöht wird, sich Ihr Gedächtnis und Wohlbefinden verbessert und Sie alle kreativer und produktiver werden. Es ist schwer, dagegen etwas einzuwenden!

Arbeiten Sie mit den Familienmitgliedern, die gern an den Übungen teilnehmen. Die anderen werden sich anschließen, wenn sie bereit dazu sind. Machen Sie jedoch ganz deutlich, daß sie sich nicht einmischen oder keinen Lärm machen sollen (zum Beispiel, indem sie fernsehen), wenn die übrige Familie ihre stille Zeit genießt. Vielleicht können sie ein Buch lesen, ruhige Musik hören oder malen, während Sie Ihre Phantasiereisen machen.

Wahrscheinlich werden Sie feststellen, daß das Alter der Kinder viel damit zu tun hat, ob sie teilnehmen wollen oder nicht. Als meine Kinder klein waren, haben sie gerne mitgemacht. Als sie älter wurden, waren ihnen andere Dinge wichtiger. Während seiner Highschool-Zeit bat mein Sohn mich oft, eine Übung fürs Gehirn mit ihm zu machen, wenn er eine wichtige Klassenarbeit schrieb, um sein Gedächtnis zu trainieren. Als meine Tochter siebzehn war, entspannte sie sich lieber mit Musik und

Malerei. Die Bedürfnisse jedes einzelnen und seine Art, diesen Bedürfnissen Ausdruck zu verleihen, sollten anerkannt und respektiert werden.

Im Klassenzimmer

Obwohl Visualisierungs- und Phantasiereisetechniken überall akzeptiert und im Sport, im Gesundheitswesen und in der Wirtschaft eingesetzt werden, sind viele Schüler mit diesem Erziehungsmittel noch nicht in Berührung gekommen. Erklären Sie Ihren Schülern und deren Eltern, daß es Zweck dieser Übungen ist, Streß zu verringern, das Lernvermögen zu steigern und das Gedächtnis zu verbessern. Betonen Sie, daß Aufmerksamkeit eine Grundvoraussetzung für das Zuhören und Lernen ist und daß Phantasiereisen dem Schüler helfen, sich zu konzentrieren und seine Aufmerksamkeit zu steigern. Ich erzähle meinen Schülern, daß ich diese Übungen auch in meinem Privatleben einsetze, um ruhig und konzentriert zu bleiben.

Ich schlage meinen Schülern vor, die Augen zu schließen oder mit halbgeschlossenen Augen auf den Boden zu schauen. Bevor wir anfangen, stelle ich zwei Regeln auf: keine Gespräche und kein Flüstern während der Übung und kein Ablenken der anderen. Ich habe Verständnis dafür, daß nicht alle Schüler gleich beim ersten Mal teilnehmen, weil die Technik ungewohnt ist, aber sie müssen alle lernen, die Wahl der anderen, die sich entspannen und konzentrieren wollen, zu akzeptieren.

Es kann mehrere Wochen dauern, bis der Lehrer und seine Schüler mit dem Prozeß vertraut sind. Oft dauert es sechs Wochen, bis man positive Ergebnisse erwarten kann. Rechnen Sie damit, daß die Schüler zu Anfang kichern. Vielleicht sind einige Schüler verlegen oder befürchten, daß andere sie beobachten. Möglicherweise sind sie der Meinung, daß es albern ist, in der Schule das Gedächtnis zu trainieren. Ich habe die Erfahrung gemacht, daß das Kichern aufhört, wenn man nicht weiter darauf eingeht.

Was mich am meisten überrascht, ist die Tatsache, daß die Schüler die Störenfriede selbst bitten, aufzuhören. Sie wollen nicht, daß ihre Phantasiereise unterbrochen wird. Als ich in der dritten Klasse unterrichtete, baten meine Schüler Klassenkameraden, die zu spät kamen, draußen zu warten, bis ihre stille Zeit vorüber war. Es dauerte nicht lange, und niemand kam mehr zu spät!

Manchmal kommt der Widerstand gegen die Übungen auch von seiten der Eltern. In meiner Klasse waren einige Eltern zuerst skeptisch, daher bat ich sie, morgens selbst an unserer stillen Zeit teilzunehmen. Ohne Ausnahme hatten sie Spaß daran, und viele Eltern nahmen regelmäßig morgens an unserer Übung teil, wenn sie ihr

Kind zur Schule brachten. Es machte ihnen Spaß, ihren Arbeitstag oder andere Aktivitäten entspannt und konzentriert zu beginnen.

Eine Mutter sagte mir, ihre Tochter habe sich darüber beklagt, daß sie die Augen schließen mußte, weil ihr das Angst mache. Ich schlug vor, daß sie ihre Augen offen hielt, und es klappte hervorragend.

Ein Schüler der dritten Klasse und seine Mutter baten, ihn von der Teilnahme an den Übungen zu befreien. Der Junge war der Meinung, daß sie »dumm« seien, aber er hörte gern zu, wenn seine Klassenkameraden erzählten. Ich überließ es ihm, ob er sich auf dem Teppich zu uns gesellen und zuhören oder sich lieber in die Leseecke zurückziehen wollte. Meistens saß er etwas außerhalb des Kreises und hörte zu, wie die anderen Kinder ihre Phantasiebilder beschrieben.

Die Zeit nach der Übung

Nach einer Phantasiereise sprechen manche Kinder gern darüber, was sie gefühlt oder welche Bilder sie gesehen haben. Andere zeichnen oder malen die Bilder, die zum Vorschein gekommen sind, lieber, schreiben darüber oder drücken sie durch Bewegung aus. Gehen Sie am Anfang langsam vor und respektieren Sie, daß jedes Kind sein eigenes Tempo hat. Kinder sind ihren inneren Bildern viel näher als wir Erwachsene. Geben Sie ihnen Zeit, ihre Erfahrungen mitzuteilen. Man kann eine Orchidee nicht zum Blühen zwingen, erfreuen Sie sich daran, wie sie sich langsam entfaltet.

Vertrauen in den Vorgang

Eins habe ich in den Jahren, in denen ich Phantasiereisen mit Erwachsenen und Kindern mache, gelernt: Man darf keine bestimmten Erwartungen haben, wann und wie Menschen reagieren. Ich bin jedoch davon überzeugt, daß der Vorgang selbst für alle, die davon Gebrauch machen, großen Wert hat. Suchen Sie die Übungen aus, die bei Ihnen und Ihren Kindern funktionieren, improvisieren Sie, erfinden Sie neue. Lassen Sie Ihrer Phantasie freien Lauf.

Möglicherweise stellen Sie fest, daß es Ihnen und einem überaktiven Kind nichts bringt, die Übung im Sitzen zu machen. Vielleicht ist es im Liegen oder Stehen einfacher. Viele Eltern und Lehrer nehmen kleine Kinder auf den Schoß und massieren ihnen leicht den Rücken, wenn sie eine Entspannungsübung durchführen. Dies hat eine beruhigende, besänftigende Wirkung. Eine andere Möglichkeit ist, einem Kind einen kleinen Klumpen Ton in die Hand zu geben, während es an der Übung teilnimmt. Dies ist besonders bei Kindern, die durch Muskelempfindung lernen, hilfreich.

Ältere Schüler und Erwachsene schlafen manchmal ein, wenn sie auf dem Boden liegen, um eine Phantasiereise zu machen. Da Schnarchen in der Gruppe recht störend sein kann, sollten sie es sich im Sitzen bequem machen und ihren Rücken an der Wand oder an einer Stuhllehne abstützen. Manche Kinder und auch einige Erwachsene bewegen sich lieber, wenn sie mit Phantasiebildern arbeiten. Ein Teilnehmer bewegt während der Übung ständig seine Hände und malt die Bilder in die Luft, die er vor seinem geistigen Auge sieht. Er ist Ingenieur und Erfinder und nutzt die Übungen, um seine schöpferische Phantasie zu aktivieren.

Einige Dehnungsübungen, die man vor Beginn der eigentlichen Phantasiereise macht, bereiten den Körper vor und verhelfen zu lebhafteren Bildern. Einige einfache Übungen, die in dem Buch *Bewußtheit durch Bewegung* von Moshe Feldenkrais demonstriert werden, eignen sich hervorragend, um Harmonie zwischen den Systemen des Körpers und des Geistes herzustellen. *Bewußtseinserweiterung über Körper und Geist* von Robert Masters und Jean Houston enthält ebenfalls ausgezeichnete Anregungen.

Kapitel 3

Sich auf sich selbst einstimmen

Der vorbereitete oder einspitzige Geist ist offen für kreative Einsichten, weil er das Denken umgeht.

Joseph Chilton Pearce
Magical Child

Achtsamkeit

Zu den wertvollsten Dingen, die wir unseren Kindern beibringen können, gehört die Fähigkeit, achtsam zu sein. Das bedeutet, zu wissen, wie man aufmerksam ist, wie man sich über seine bewußte Existenz als menschliches Wesen im klaren wird und wie man in jedem Augenblick mit dem Verstand und dem Körper voll gegenwärtig ist.

Wenn man Kinder lehrt, auf ihre Atmung zu achten und ihnen zeigt, wie sie ihren Körper entspannen können, können sie ruhig werden und ihre Gefühle besänftigen. Auf diese Weise lernen sie sich selbst besser zu verstehen.

Das englische Wort *attention* (Aufmerksamkeit) kommt vom lateinischen *attendere*, was »sich strecken nach« bedeutet. Wonach sollen sich unsere Kinder strecken? Nach den Werten, die sie um sich herum in unserer konkurrierenden, streßbetonten, konsumorientierten Gesellschaft gespiegelt sehen? Oder sollen sie lieber danach streben, klar zu erkennen, wer sie *sind*?

Unser Leben ist so voll von dem, was wir *tun*, daß uns wenig Zeit bleibt, einfach nur zu *sein*. In unserer schnellebigen Zeit, die vom Terminkalender bestimmt wird, ist es schwierig, in jedem Moment voll präsent zu sein. Wir denken ständig daran, was in der nächsten Minute passieren wird. Wir haben kaum Zeit, ruhig über etwas nachzudenken.

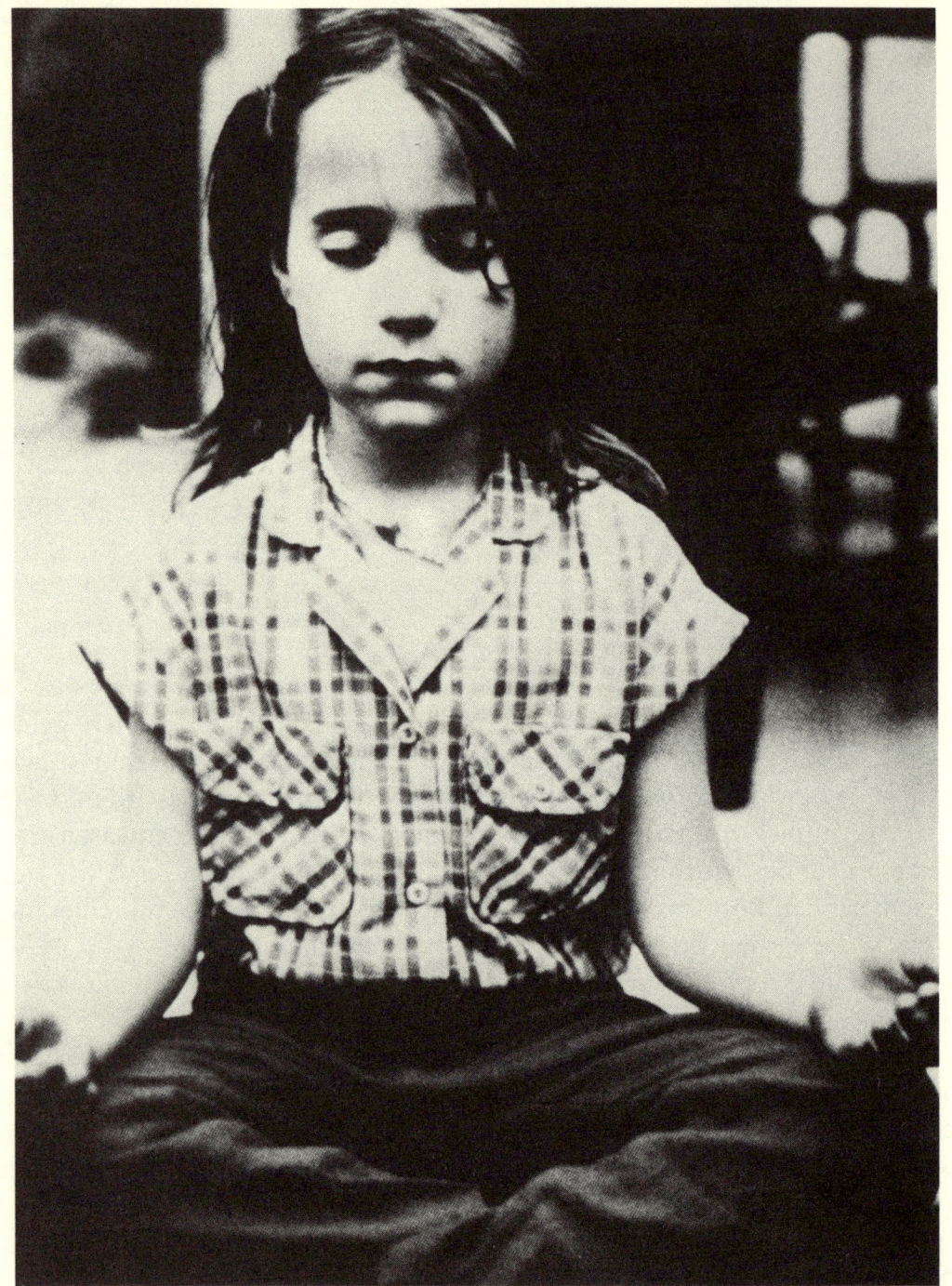

In einer Übung, die ich einmal mit meiner dritten Klasse gemacht habe und in der die Schüler sagen sollten, was ihnen an ihrem Leben nicht gefiel, tauchte immer wieder ein tickender Wecker als Symbol auf. Als ich sie bat, etwas mehr darüber zu erzählen, waren die typischen Antworten: »Ich mag es nicht, wenn ich mich nach der Schule beeilen muß, um zum Fußballtraining zu kommen.« »Ich habe nie Zeit, einfach nur dazusitzen.« »Ich habe nicht genug Zeit, um mit meinen Freunden zu spielen. Meine Mutter muß mich früh abholen, weil sie noch woanders hin muß.« In einer ähnlichen Übung mit älteren Schülern, sagte ein Junge dazu: »Ich dachte, daß die Lehrer uns im letzten Schuljahr etwas weniger aufgeben würden, aber wir müssen mehr arbeiten als sonst. Ich habe keine Zeit für meine Freunde.«

Kurze Entspannungsübungen helfen einem Kind, sich von den Ablenkungen und Anforderungen des täglichen Lebens zu befreien und sich nur darauf zu konzentrieren *zu sein*.

Schließt die Augen und sitzt ganz ruhig da. Achtet nur auf eure Atmung. Atmet ein ... und ... aus. Ein ... und ... aus. Atmet jetzt immer so weiter, befreit euch von euren Gedanken, Gefühlen und Sorgen, die ihr im Moment vielleicht habt. Achtet nur auf eure Atmung, darauf, wie ihr leicht einatmet ... und ... wieder aus ... ein ... und ... aus. Merkt ihr, wie ihr die Luft durch eure Nasenlöcher einzieht und wieder ausatmet?

In dieser Übung wird die Aufmerksamkeit auf eine einzige Sache konzentriert: auf den ruhigen, stillen Rhythmus eines Körpervorgangs, der normalerweise abläuft, ohne daß wir uns dessen bewußt sind – unsere Atmung.

Entspannung

Wenn Sie diese einfache Übung beherrschen, möchten Sie wahrscheinlich einen Schritt weiter gehen und Ihren ganzen Körper entspannen. Denken Sie einmal darüber nach, wie sich Ihr Körper genau in diesem Moment anfühlt. Spüren Sie irgendwelche Spannungen in Ihrem Rücken oder Kopf? Halten Sie den Atem an, wenn Sie lesen? Viele Menschen halten den Atem an, während sie sich konzentrieren, was oft zu Kopfschmerzen führt.

Übung 1

Entspannungsübung

Alter : drei Jahre und darüber
Übungsdauer: fünf Minuten

Machen Sie es sich bequem, legen oder setzen Sie sich hin und führen Sie Ihr Kind, Ihre Familie oder Klasse durch diese Übung.

Schließt eure Augen und setzt (oder legt) euch ruhig hin. Nehmt euch etwas Zeit und achtet auf die Gefühle in eurem Körper. Haltet ihr den Atem an, oder atmet ihr gleichmäßig? Spürt ihr eine Anspannung oder einen Druck in irgendeinem Teil eures Körpers? Ihr werdet jetzt euren Körper entspannen, indem ihr entspannt atmet.

Atmet ein... und... aus... und... ein... und... aus, laßt alle Gedanken und Sorgen fallen. Atmet ruhig weiter, ein... und... aus..., und konzentriert euch auf eure Füße. Denkt nur an eure Füße, an nichts anderes. Könnt ihr sie spüren? Vielleicht ist es das erste Mal, daß ihr nur an eure Füße denkt. So, holt jetzt tief Luft und spannt die Muskeln in euren Füßen an..., haltet die Spannung..., und jetzt entspannt eure Fußmuskeln wieder, während ihr ausatmet. Atmet jetzt leicht und ruhig weiter. *(Pause)*

Konzentriert euch jetzt auf eure Beine – nur auf die Beine, auf nichts anderes – und fühlt sie. Jetzt atmet ein, während ihr die Beinmuskeln anspannt..., haltet die Spannung... und entspannt eure Beinmuskeln wieder, während ihr ausatmet. *(Pause)*

Konzentriert euch jetzt auf euren Po und euer Becken. Atmet ein und spannt die Muskeln in Po und Becken an..., haltet die Spannung... und entspannt die Muskeln wieder, während ihr ausatmet. *(Pause)*

Konzentriert euch jetzt ganz auf den Rücken..., atmet ein und spannt euren Rücken an..., haltet die Spannung... und entspannt euch wieder, während ihr ausatmet. *(Pause)*

Konzentriert euch jetzt auf den Bauch..., fühlt ihn..., und fühlt, ob ihr die Bauchmuskeln anzieht. Jetzt atmet ruhig ein und spannt dabei die Bauchmuskeln an..., haltet die Spannung... und entspannt euch. *(Pause)*

Konzentriert euch auf den Brustkorb..., spannt ihn an..., und entspannt euch wieder. Atmet immer ruhig und leicht weiter. Konzentriert euch auf eure Schultern... Spürt ihr in der einen Schulter mehr Spannung als in der anderen? Atmet jetzt wieder ein und spannt die Schultermuskeln an..., haltet die Spannung... und entspannt euch. *(Pause)*

Konzentriert euch jetzt auf eure Arme und Hände. Wenn ihr die Muskeln in euren Händen anspannt, macht eine Faust. Wenn ihr euch entspannt, öffnet die Faust wieder Finger für Finger. Atmet ein und spannt die Muskeln in euren Armen und Händen an..., haltet die Spannung... und entspannt euch. *(Pause)*

Konzentriert euch jetzt auf euren Kiefer und auf die Gesichtsmuskeln. Spürt ihr sie? Atmet ein und spannt dabei die Muskeln in eurem Kiefer und in euren Augen, in eurer Nase und eurem Mund an..., haltet die Spannung... und entspannt euch wieder, befreit euch von allen Spannungen, die vielleicht in eurem Kiefer oder eurem Gesicht vorhanden sind. *(Pause)*

Konzentriert euch jetzt auf die Stirn und auf den Kopf. Atmet ein und spannt die Muskeln von Stirn und Kopf an..., haltet die Spannung... und entspannt euch. Und jetzt konzentriert euch auf eure Atmung..., atmet leicht und ruhig... und genießt euren entspannten Körper.

(Nach einer Minute) Kehrt jetzt wieder ins volle Bewußtsein zurück, während ich bis drei zähle. Öffnet eure Augen, wenn ich bei drei angelangt bin.

Eins... zwei... drei.

Indem Sie sich auf die Atmung konzentrieren, auf jede Muskelpartie, auf jeden Körperteil, lernen Sie, Ihre Aufmerksamkeit zu konzentrieren. Je öfter ich frühmorgens kurze Entspannungsübungen mit meinen Kindern machte, desto überzeugter wurde ich, daß diese einfachen Übungen uns halfen, uns besser zu konzentrieren. Und wenn wir lernen, müssen wir uns konzentrieren.

Übung 2

Ein Wasserfall aus weißem Licht

Alter: fünf Jahre und darüber
Übungsdauer: fünf Minuten

Schließt eure Augen und konzentriert euch auf eure Atmung. Stellt euch vor, daß euer Körper mit jedem Ausatmen immer entspannter wird. Stellt euch jetzt vor, daß ein wunderschöner Wasserfall aus weißem Licht ganz oben in eurem Kopf zu sprudeln beginnt. Ihr fühlt seine sanfte, heilende Energie in eurem ganzen Gehirn, ihr spürt, wie sie sich über euer Gesicht ergießt, wie sie über euer Kinn läuft und über euren Hals. Der Wasserfall aus weißem Licht bewegt sich jetzt weiter hinunter in euren Brustkorb, zu euren Schultern und über den Rücken hinunter. Er bewegt sich die Arme und Hände entlang, läuft durch eure Fingerspitzen wieder hinaus und wäscht alle Spannung, die in eurem Körper war, einfach weg. Das weiße Licht fließt weiter in euren Bauch und in die Magengrube, in euer Becken und euren Po. Es geht weiter in eure Oberschenkel, in die Knie und Waden. Jetzt kommt es zu den Fußgelenken und fließt durch die Zehen wieder hinaus. Es nimmt Spannungen und Unbehagen, die sich in eurem Körper angesammelt haben, mit sich fort. Jetzt befindet ihr euch in einem Wasserfall aus weißem Licht, der immer weiter fließt. Jeder Teil eures Wesens ist von weißem Licht erfüllt. Laßt euch von dieser Energie waschen, erfreut euch an der sanften Ruhe, die sie mit sich bringt. *(Eine Minute Pause)* Kehrt jetzt langsam wieder ins volle Bewußtsein zurück. Ich werde bis zehn zählen. Zählt laut mit, wenn ich bei sechs angelangt bin, und öffnet eure Augen bei zehn.

Eins... zwei... drei... vier... fünf... sechs... sieben... acht... neun... zehn.

Reaktionen auf die Wasserfall-Übung

Der Wasserfall kam und plätscherte herauf und herunter, immer wieder, von meinem Kopf bis zu den Zehen. – *Heather, fünf Jahre alt*

Der Wasserfall aus weißem Licht hat mich erwärmt, er prickelte. Ich fühlte mich ganz friedlich. – *Sid, acht Jahre alt*

Kapitel 4

Mit allen Sinnen lernen

Mit den fünf Sinnen lernen

Wenn Sie sich eine Szene vorstellen, sehen Sie sie dann vor sich oder hören, fühlen, schmecken oder riechen Sie sie? Wenn ich Sie bitte, sich an das erste Stück Apfelkuchen zu erinnern, das Sie jemals gegessen haben, sehen Sie dann, wie Sie als Kind bei Ihrer Mutter oder Großmutter in der Küche sitzen? Hören Sie, wie die anderen Familienmitglieder sich unterhalten? Vielleicht fühlen Sie warme Apfelstücke in Ihrem Mund, oder das Wasser läuft Ihnen im Mund zusammen, weil Sie die Äpfel und den leckeren Kuchenteig riechen und schmecken. Wahrscheinlich werden Sie feststellen, daß Sie mehrere dieser Gefühle zusammen erfahren. Bei den meisten Menschen ist das so. Wir nehmen nicht nur mit einem Sinn wahr, denn wir sind viel interessanter.

Genau wie wir auf verschiedene Art und Weise *wahrnehmen*, ist auch unsere Art zu *lernen* unterschiedlich. Einige von uns reagieren in erster Linie mit dem Gehör auf Töne und gesprochene Worte. Andere müssen eine Tabelle vor sich sehen oder ein Bild, um eine Idee zu verstehen. Wieder andere erfahren Dinge mit ihrem Körper. Sie lernen kinästhetisch, das heißt durch Bewegungsgefühl und Muskelempfindung. Für diese Menschen »bewegt« sich eine Idee.

Vielleicht glauben wir, daß wir verbal und auditiv orientiert sind, visuell oder kinästhetisch lernen, aber wahrscheinlich benutzen wir all diese Systeme gleichzeitig. Zu bestimmten Zeiten sind wir uns jedoch des einen oder anderen Systems stärker bewußt.[1]

Wenn ich einen Vortrag höre, muß ich die Worte optisch umsetzen, bevor ich ganz verstehe, was ich gehört habe. Eine Freundin von mir muß sich immer im hinteren Teil des Saals aufhalten, damit sie herumlaufen kann, wenn ein Vortrag gehalten wird. Sie kann ihn besser verstehen, wenn sie dabei ihren Körper bewegt.

Einer meiner ehemaligen Drittklässler, Tony, konnte nie still sitzen, während ich an der Tafel etwas demonstrierte. Er mußte das Kind neben sich ärgern oder mit seinem Stuhl hin- und herschaukeln, wodurch er mich und den Rest der Klasse ablenkte. Nachdem ich ihn immer wieder in der Klasse versetzt und keinen Erfolg damit gehabt hatte, versuchte ich es mit einer neuen Taktik.

Ich bat Tony, den Basteltisch mit dem Schwamm abzuwaschen, während ich die Klasse buchstabieren ließ. Ich hatte das Gefühl, daß er sich bewegen mußte, um genauer zuhören zu können. Während er den Tisch mit kreisenden Bewegungen abwischte, bemerkte ich, daß er sehr genau auf das achtete, was ich sagte.

Nach dem Unterricht fragte ich in der Klasse die Rechtschreibregeln ab, die ich den Schülern erklärt hatte, und Tony wußte alle Antworten. Früher hatte er höchstens ein Drittel behalten. Mir war klar, daß er lernte, während er sich bewegte. Aus irgendeinem Grund war es leichter für ihn, mir zuzuhören und zu verstehen, was ich an die Tafel geschrieben hatte, wenn er dabei seinen Körper bewegte.

Als ich mit Phantasiereisen zu arbeiten begann, erkannte ich die verschiedenen Lernstile der Kinder. Matt sagte, daß er vier Felder voller blauer und gelber Blumen »sah«, die zwei Quadrate bildeten. Das war interessant für mich, denn Matt hatte Schwierigkeiten, dem *mündlichen* Unterricht zu folgen, konnte aber alles, was auf die Tafel *geschrieben* wurde, leicht verstehen. Er zeichnete gerne Landkarten und liebte den Kunstunterricht. Wahrscheinlich brauchte er *visuelle* Hinweise, um ein Konzept zu verstehen. Aus diesem Grund hatte er solche Schwierigkeiten mit verbalen und mündlichen Aufgaben wie Diktaten oder der Teilnahme an Gesprächen.

Liza sagte, daß sie »die Rinde eines Baumes *fühlte*« und dann das *Gefühl* hatte, einen Berg hinaufzurennen. Wenn sie mir oder der Klasse etwas mitteilen wollte, drückte sie sich mit dem ganzen Körper aus: Sie fuchtelte mit den Armen, warf den Kopf zurück und tanzte mit den Füßen. Sie *bewegte* sich tatsächlich durch eine Idee hindurch.

Einige Kinder stellen sich Dinge in erster Linie *visuell* vor, andere *hören* Bilder. Ich erinnere mich daran, daß ich meine Tochter Heather fragte, woher sie die Idee für eine sehr ausführliche Unterhaltung in einer ihrer Geschichten hatte. »Ich hör' nur zu, wie die Leute sich unterhalten, und dann schreibe ich es auf«, lautete ihre Antwort. Viele Kinder sind sich bewußt, daß ihr Geruchs- und Geschmackssinn Erinnerungen hervorruft. Wie sieht Ihre Erinnerung an warmen Apfelkuchen aus?

Durch Muskelempfindung lernen

Wahrscheinlich ist der kinästhetische oder *Körpersinn* für Kinder der vorherrschende Bildersinn. Ihr Kind kann sich vorstellen, zu rennen, schwimmen oder zu turnen und nutzt diese Fähigkeit, um seine sportlichen Fähigkeiten zu verbessern.

Eine Mutter fragte mich kürzlich, was eine kinästhetische Vorstellung sei, und erzählte, daß ihre Tochter Jessica dadurch sehr schnell gelernt hatte, Fahrrad zu fahren. Ich erklärte, daß die kinästhetische Vorstellung der Muskelsinn unseres Körpers ist, den wir uns vorstellen, und daß wir diese Vorstellung unseres Körpers nutzen können, um zu lernen. Sie erzählte, daß Jessica ihr neues Fahrrad ausprobiert hatte, hingefallen war und ihren Eltern gesagt hatte, daß sie »ihrem kinästhetischen Körper beibringen müsse, perfekt Fahrrad zu fahren«. Sie setzte sich auf die Straße, schloß ihre Augen und stellte sich vor, wie sie Fahrrad fuhr.

»Es war unglaublich«, sagte ihre Mutter. »Ich sah, wie ihr Körper sich ausrichtete. Sie stand auf, setzte sich aufs Fahrrad und fuhr los. Zuerst ging es noch etwas wackelig, aber sie fiel nicht wieder hin. Sie war so stolz auf sich!«

Der kinästhetische Sinn kann auch verwendet werden, um wissenschaftliche Fähigkeiten zu verbessern. Ich fragte einmal die Schüler meiner dritten Klasse, wie sie das Einmaleins lernten. Sie sahen mich verwundert an. Ich fragte sie, ob sie dabei einen Rhythmus verwendeten. Wieder sah ich nur fragende Gesichter. Ich begann zu singen und schlug mir dabei auf den Oberschenkel: »Sie-ben mal sie-ben gleich neun-und-vier-zig.« Sofort begann etwa siebzig Prozent der Klasse in die Hände zu klatschen, mit dem Fuß zu klopfen und dabei verschiedene Multiplikationsaufgaben vor sich herzusagen. Viele demonstrierten mir die Trennung von Wörtern mit Singen und Klopfen und sagten, daß dies die einfachste Methode sei, sich die Silbentrennung einzuprägen. Wie oft wird Kindern gesagt, daß sie während einer Arbeit nicht mit dem Bleistift klopfen oder still dasitzen und zuhören sollen, obwohl es natürlich für sie wäre, sich beim Lernen zu bewegen?

Die Bewegungen und der innere Rhythmus meines eigenen Sohnes brachten mich fast zur Verzweiflung, als er in der vierten Klasse war. Oben in seinem Zimmer »lernte« Brendan Vokabeln, während er dabei auf seinen Büchern herumtrommelte, mit seinen Füßen auf die Sprossen des Stuhles klopfte, hin- und herschaukelte und jeden Schlag mit Gejohle und Gekreische begleitete. Er klang wie eine Ein-Mann-Band, und das Ganze hatte fast die Wirkung eines kleinen Erdbebens! Ständig hatte er gute Noten in Diktaten, und er erklärte mir, daß das Trommeln seine Methode sei, sich zu erinnern. Ich muß zugeben, daß dieses Verfahren für die

Ohren anderer Familienmitglieder schwer zu ertragen ist, aber viele Kinder lernen auf diese Weise.

Kinder sind nicht die einzigen, die über Bewegung lernen. Erwachsene »laufen auf und ab«, um die Lösung eines Problems zu finden oder gewinnen plötzlich Einsichten in schwierige Geschäftsstrategien, wenn sie morgens durch den Park joggen. Eine hochbegabte Hochschullehrerin erzählte mir neulich, daß sie ihren Unterrichtsplan für die ganze Woche fertigstellt, wenn sie sonntags morgens Golf spielt. Ein Videofilmer erklärte, daß er mit seinem ganzen Körper sieht; er weiß, daß eine Szene gelungen ist, wenn er es mit seinem Körper »fühlt«.

Wie können wir diese verschiedenen Lernmethoden wieder verstärken und die natürlichen Lernfähigkeiten unserer Kinder unterstützen, statt sie zu unterdrücken und zu ersticken? Zunächst einmal ist es wichtig zu erkennen, wie ein Kind lernt. Fragen Sie Ihr Kind und hören Sie seiner Antwort mit all Ihren Sinnen genau zu.

Anmerkung für die Eltern

Übung 3 eignet sich hervorragend, um kreatives Schreiben oder künstlerische Aktivitäten anzuregen. Wenn Ihr Kind sein Erlebnis auf der Wolke nacherzählt, kann eine Geschichte zum Vorschein kommen, in die man die ganze Familie einbeziehen kann. Vielleicht ist es nützlich oder macht Spaß, die Antwort des Kindes auf Tonband aufzunehmen, wenn es sie nicht gerne aufschreiben möchte. Eine Tonbandaufnahme eignet sich ausgezeichnet, um Ideen festzuhalten, die man in späteren Geschichten weiterverwenden kann. Vielleicht können Sie sie dann aufschreiben und als Erläuterung zur Zeichnung Ihres Kindes verwenden.

Anmerkung für den Lehrer

Diese Übung eignet sich nicht nur, um kreatives Schreiben und eine künstlerische Betätigung zu stimulieren, sie macht Sie auch auf die Wahrnehmungsarten der Kinder aufmerksam und hilft Ihnen, ihnen etwas über die Sinne beizubringen und sie zu ermutigen, die wahrgenommenen Bilder beim Schreiben und Dichten einzusetzen.

Übung 3

Bilder für alle Sinne

Alter: acht Jahre und darüber
Übungsdauer: fünf bis zehn Minuten
Fortsetzung: zehn bis fünfzehn Minuten

In der folgenden Phantasieübung werden beiden Seiten des Gehirns mehrere sinnliche Bilder vorgeschlagen.[2] Dazu zählen Bilder des Sehens, Hörens, Schmeckens, Riechens und der Muskelempfindung. Es ist eine Übung, durch die sich Kinder ihrer Sinne stärker bewußt werden.

Setzt euch bequem hin. Schließt die Augen und konzentriert euch auf eure Atmung. *(Pause)*

Während ihr ganz entspannt atmet, verliert euer Körper jegliche Anspannung, ihr werdet immer entspannter. *(Pause)*

Konzentriert euch jetzt auf euer Gehirn und stellt euch vor, daß es eine schöne, glatte Wasserrutschbahn ist, auf der ihr entlangrutscht... rauf und runter, alle Windungen eures Gehirns entlang. *(Pause)*

Laßt dieses Bild jetzt los. Gleich werde ich euch mehrere Bilder für jede Seite des Gehirns geben. Haltet eure Augen geschlossen und schaut in die linke Seite eures Gehirns. Auf der linken Seite erfahrt ihr die Farbe Blau. *(Pause)*

Laßt dieses Bild jetzt los und schaut in die rechte Seite eures Gehirns. Auf der rechten Seite erfahrt ihr die Farbe Orange. Laßt dieses Bild jetzt los, auf der linken Seite erfahrt ihr Rot... und auf der rechten Seite Grün. Auf der linken Seite seht ihr einen Skifahrer einen Abhang hinunterfahren... auf der rechten Seite schaukelt ein Kind auf einer Schaukel hin und her... Auf der linken Seite fühlt ihr weichen, roten Samt... und auf der rechten Seite die Rinde eines Baumes. Auf der linken Seite fühlt ihr die Haut eines neugeborenen Babys... auf der rechten Seite die Oberfläche von feinem Sandpapier. Auf der linken Seite riecht ihr gebackene Pfannkuchen... auf der rechten Seite den Duft eines Tannenbaums. Auf der linken Seite schmeckt ihr einen prickelnden Brausebonbon. Auf der rechten Seite haltet ihr eine saftige Zitrone in

43

der Hand. Ihr schneidet ein Stück von der Zitrone ab und berührt das Fruchtfleisch ganz kurz mit der Zungenspitze. Auf der linken Seite schmeckt ihr eine saure Gurke... auf der rechten Seite eine feste, reife Banane... Auf der linken Seite hört ihr das leichte Klingeln eines Windspiels... auf der rechten Seite hört ihr eine laute Bushupe. Auf der linken Seite hört ihr euren Vornamen... auf der rechten Seite hört ihr euren Nachnamen. Auf der linken Seite hört ihr eine Katze miauen, und auf der rechten Seite hört ihr das Schnurren der Katze.

Laßt diese Bilder jetzt los und stellt euch vor, daß euer Körper leicht wie eine Feder ist. Jetzt seht ihr, wie eine weiche, duftige Wolke herangeflogen kommt und euren Phantasiekörper aufnimmt. Diese Wolke trägt euch überall hin, wo ihr ein Abenteuer erleben wollt. Sie setzt euch vorsichtig ab, und wenn ihr wieder zurückkehren wollt, holt euch die Wolke ab und bringt euch zurück in euren wirklichen Körper. Jetzt habt ihr eine Minute Zeit, eine Minute, die solange dauert, wie ihr braucht, um auf der Wolke ein Abenteuer zu erleben. Nach einer Minute werdet ihr meine Stimme hören, die euch zurückruft. *(Eine Minute Pause)*

Jetzt ist es an der Zeit zurückzukommen. Eure Wolke holt euch ab und bringt euch hierher zurück, sie setzt euch sanft in eurem wirklichen Körper ab, und ihr könnt euren Körper wieder fühlen... Gleich werde ich bis zehn zählen. Wenn ich bei sechs angelangt bin, sollt ihr mitzählen. Dann öffnet ihr eure Augen und fühlt euch ganz wach und entspannt und mit erweiterten Sinnen ausgestattet.

Eins... zwei... drei... vier... fünf... sechs... sieben... acht... neun... zehn.

In der Übung 3 und in vielen der folgenden Übungen verwende ich einen Satz, der von Dr. Jean Houston stammt: »Jetzt habt ihr eine Minute (oder zwei oder drei Minuten) Zeit, eine Minute, die solange dauert, wie ihr braucht.« Während einer Phantasieübung verliert ein Kind sein Zeitgefühl und erfährt die Zeit »subjektiv«. Das Gehirn verarbeitet Millionen von Bildern in Mikrosekunden, so daß Kinder in einer Zeitspanne von sechzig Sekunden all die Zeit haben, die sie brauchen, um ihr Phantasiebild zu erleben. Da die Kinder wissen, daß sie die Zeit haben, die sie brauchen, müssen sie sich keine Gedanken darüber machen, wann die Übung endet; das übernehmen Sie als Leiter.

Nach einer Minute oder der Zeitspanne, die Sie vorgegeben haben, erinnern Sie langsam daran, daß es an der Zeit ist, wieder ins volle Bewußtsein zurückzukommen.

Ich schwebe in einem Gehirn umher. Ich sehe ein Rennauto und eine Erdbeere. Ich sehe Zahlen und Buchstaben. Dann nimmt meine Wolke mich mit und bringt mich zum Tierkinderzoo und ich bin ganz allein da, außer der Wärterin. Und sie sagte, daß nie jemand kommt, um die Tiere zu besuchen, und ich könnte eins mit nach Hause nehmen, wenn ich auf das Tier aufpassen würde und ihm das richtige Essen geben würde. Deshalb habe ich den Babyelefanten mitgenommen und mich um ihn gut gekümmert und ihn gefüllt.

Lassen Sie sich die Kinder dann ihres Körpers, Gesichts und ihrer Hände bewußt werden, so daß sie sich fest verankert fühlen und wach sind, wenn Sie die Übung beenden. Wenn die Kinder von sechs an mitzählen, hilft es ihnen, wieder ganz wach zu werden.

Reaktionen auf die Übung »Bilder für alle Sinne«

Als ich meinen Nachnamen hörte, war es wie ein Echo. Ich habe auch das Windspiel gehört. Und ich bin auf der linken Seite meines Gehirns gerutscht. – *Adam, neun Jahre alt*

Ich konnte alle Bilder sehen, aber ich konnte den Samt nicht fühlen. Wir sind durch eine Zeittür in den Himmel gegangen, und überall waren Karussells. – *Jenny, sieben Jahre alt*

Ich war draußen im Weltall auf der Wolke, und ich bin in der Zeit zurückgereist in eine Zeit, als es die Erde noch nicht gab – in die Zeit, als das ganze Weltall noch ein kleines Staubkorn war. Und als ich im Weltall ausstieg, bin ich mit einem Düsenantrieb auf dem Rücken herumgeflogen. Als ich wieder im Klassenzimmer war, bin ich in die Zukunft gereist, es hat mit dem Staubkorn angefangen, und dann sah ich Teile von der Erde und Dinosaurier auf der Erde und dann Städte. Es war wirklich toll, und dann bin ich wieder hierher gekommen. – *Brooke, acht Jahre alt.*

Anmerkung für Eltern und Lehrer

Wenn Sie Übung 4 gemacht haben, sollten sie mit den Kindern über die Verbindung zwischen der Erinnerung und den Sinnen sprechen. Erinnern sich die Kinder an das Einmaleins oder an die Rechtschreibung durch Geschmack, Geruch, Farbe oder Bewegung? Manche Menschen finden zu ihrer großen Überraschung heraus, daß sie eine ganze Seite, die sie gelesen haben, »sehen« können, wenn sie beim Lesen den Duft einer Blume im Zimmer eingeatmet haben. Oder sie können sich an eine komplizierte mathematische Formel aufgrund ihrer dornigen Struktur erinnern! Ich wünsche Ihnen viel Spaß bei den Gedankenverbindungen.

Übung 4

Das Überkreuzen der Sinne

Alter: sieben Jahre und darüber
Übungsdauer: fünf bis zehn Minuten
Fortsetzung: zehn bis fünfzehn Minuten

Legt oder setzt euch so hin, daß ihr diese Position für einige Zeit einhalten könnt. Schließt eure Augen und konzentriert euch ganz auf eure Atmung. Einatmen... und... aus... ein... und... aus... der Körper entspannt sich immer mehr. Gleich hört ihr Musik (»Frühling« aus den *Vier Jahreszeiten* von Vivaldi), die ihr mit den Zehen wahrnehmt, ihr werdet die Musik durch eure Zehen einatmen. Jetzt atmet ihr die Musik durch eure Fingerspitzen ein. Fühlt die Musik mit euren Augen, eurer Nase und eurem Mund... und jetzt fühlt ihr sie mit jedem einzelnen Haar auf eurem Körper. *(Eine Minute Pause)*

Jetzt könnt ihr den Geschmack der Musik spüren; sie liegt weich und zart auf eurer Zunge. Ihr riecht die Musik, und vor euch entfalten sich wunderschöne Farben und Bilder dieser Musik. *(Pause)*

Jetzt fahrt ihr mit Skiern einen langen Abhang voller Schnee zu dieser Musik hinunter, und ihr fühlt den Klang des Schnees. *(Pause)*

Stellt euch vor, daß ihr zum Klang von blauem Samt tanzt und den Duft eines Eiswürfels riecht. Schmeckt ein Gänseblümchen und seht die Oberfläche von rauhem Sandpapier. Ihr bewegt euch anmutig durch roten Wackelpudding und lauft auf Zehenspitzen durch Honig. Ihr hört ein Stück klebrigen Mausespeck und schmeckt den tiefsten Ton einer Tuba. Fühlt das Gelächter von Kindern und hört die Berührung von Katzenfell. Ihr schmeckt das, was euch am meisten Spaß macht, und verbringt eine Minute Zeit, die all der Zeit entspricht, die ihr braucht, um die Bilder eines Erlebnisses zu riechen, zu schmecken, zu hören, zu bewegen und zu sehen, das euch am liebsten war. Fangt an.

(Nach einer Minute) Jetzt ist es an der Zeit, wieder ins volle Bewußtsein zurückzukommen. Werdet euch eures Körpers ganz stark bewußt, während ich bis zehn zähle. Wenn ich bei sechs angelangt bin, sollt ihr laut mitzählen. Ihr öffnet dann eure Augen und seid ganz wach und entspannt. Eure Sinne haben sich erweitert. Eins... zwei... drei... vier... fünf... sechs... sieben... acht... neun... zehn.

Reaktionen auf das Überkreuzen der Sinne

Als ich die Musik durch die Zehen spüren sollte, fühlte es sich kribbelig und kalt an. Ich hatte das Gefühl, als ob kleine Männer in meiner Brust tanzten. Als ich sie durch meine Fingerspitzen spürte, wurde sie immer glatter. Sie schmeckte wie Dauerlutscher und roch wie Kaugummi. – *Devin, acht Jahre alt*

Sie hat nach nichts geschmeckt, aber sie roch wie kleine Noten, die in der Luft umherflogen. Sie fühlte sich rauh an. – *Shelly, neun Jahre alt*

Sie schmeckte wie Schokoladeneis und roch wie eine Rose. Ich hatte das Gefühl, auf dem Fahrrad zu fahren und gleichzeitig zu rennen. – *Jay, acht Jahre alt*

Ich habe der Musik zugehört und konnte all die Sachen, die ich machen sollte, wirklich nicht schaffen. – *Derek, acht Jahre alt.*

Dieser letzte Kommentar kommt häufig vor, wenn man mit Phantasiebildern arbeitet. Viele Kinder sagen zuerst, daß sie nichts »sehen«. Ich frage sie dann, wie sie sich während der Übung gefühlt haben. Wahrscheinlich sagen sie »entspannt« oder »ruhig«, und ich sage ihnen dann, daß das genug ist. Sie müssen die Bilder nicht sehen, hören, schmecken, riechen oder fühlen, aber vielleicht werden diese Bilder lebendiger, wenn sie diese Übungen häufiger machen. Der Phantasiemuskel arbeitet genau wie jeder andere Muskel, er muß trainiert werden, um zu funktionieren!

Anmerkung für die Eltern

Vielleicht möchten Sie, bevor Sie mit Übung 5 beginnen, erst einmal mit Ihren Kindern besprechen, wie die fünf Sinne funktionieren und wie wir sie jeden Tag gebrauchen. Jeder Raum der Wahrnehmung kann als einzelne, vollständige Übung betrachtet werden, man kann aber auch alle Räume der Wahrnehmung in einer vollständigen Übung besuchen. Wenn Sie mit einem Kind im Vorschulalter arbeiten, reicht jeweils ein Raum der Wahrnehmung aus. Im Anschluß an die Übung sollten Sie die Erfahrung Ihres Kindes besprechen oder vorschlagen, daß es ein Bild zeichnet, die Phantasiebilder aufschreibt oder sie nachspielt.

Anmerkung für den Lehrer

Wegen der Länge der Übung möchten Sie vielleicht nur einen Raum der Wahrnehmung pro Tag reinigen. Es ist eine ausgezeichnete Übung vor einer Gedichtbesprechung, besonders dann, wenn Sie Wert auf Sinnesbeschreibung legen. Der Raum des sechsten Sinnes eignet sich meistens gut für eine Diskussion über Erfahrungen mit Déjà-vu-Erlebnissen. Diese Übung ist ein wirksames Mittel, um kreatives Schreiben bei zwölf bis achtzehnjährigen Schülern anzuregen.

Übung 5

Das Haus der Wahrnehmung

Alter: drei Jahre und darüber
Übungsdauer: fünf bis fünfzehn Minuten
Fortsetzung: zehn bis dreißig Minuten

Bei dieser Übung stellt man sich vor, in das »Zimmer« jedes einzelnen Sinnes – Sehen, Hören, Riechen, Schmecken und Berühren – zu gehen und jeden dieser Phantasieräume von den Spinnweben zu reinigen, die uns möglicherweise daran hindern, die einzelnen Sinne klar wahrzunehmen.[3]

Schließt die Augen und atmet durch die Nase ein... und... aus... Versucht, euren Körper ganz zu entspannen und ganz ruhig zu werden, während ihr ein-... und... ausatmet. Stellt euch vor, daß ihr eine Straße hinuntergeht und ein ungewöhnliches Haus seht: Es ist das Haus der Wahrnehmung, das Haus eurer Sinne. Wenn ihr dieses Haus betretet, seht ihr, daß es viele Zimmer hat, auf deren Türen Symbole abgebildet sind.

Das erste Zimmer, das ihr seht, hat auf seiner Tür ein großes Auge. Ihr öffnet die Tür und seht, daß es das Zimmer des Sehens ist. Es ist voller Unrat. Das ist der Abfall, den ihr jahrelang dort gelagert habt und der euch daran hindert, so klar zu sehen, wie es möglich wäre. Mit eurem geistigen Auge seht ihr all den Abfall und die Spinnweben in dem Zimmer und beginnt, es mit Scheuerpulver, einem Besen oder einem Staubsauger zu säubern – oder was ihr sonst dazu braucht. Wenn ihr möchtet, könnt ihr die Putzbewegungen mit eurem Körper nachmachen, dabei verbessert ihr euer Sehvermögen. *(Eine Minute Pause)*

Wenn ihr fertig seid, schmeißt ihr den ganzen Abfall hinaus, öffnet die Fenster und laßt frische Luft in den Raum. Seht, wie sauber und glänzend alles ist. Schaut aus dem Fenster und betrachtet die Landschaft draußen in all ihren Farben. *(Dreißig Sekunden Pause)*

Jetzt wollen wir das Zimmer des Sehens wieder verlassen.

An dieser Stelle können Sie den Kindern vorschlagen, entweder zum Zimmer des Hörens weiterzugehen oder ihre Augen zu öffnen und alle Farben um sich herum wahrzunehmen. Vielleicht können sie aufschreiben, malen oder erzählen, was sie in dem Zimmer des Sehens erfahren haben.

Wir gehen jetzt weiter in das Zimmer des Hörens. An der Tür befindet sich ein großes Ohr. Ihr öffnet die Tür und hört ein großes Durcheinander von Mißklängen. Das Zimmer ist voller Unrat. An den Wänden hängt jede Menge Wolle und alles ist von einer Wachsschicht überzogen. Reinigt das Zimmer des Hörens und versucht, es so sauber wie möglich zu bekommen. Ihr verbessert damit eure Hörkraft. *(Pause)*

Wenn ihr fertig seid, öffnet ihr die Fenster und laßt frische Luft herein. Hört, wie die Luft hereinbläst. Hört, wie der Lufthauch an euch vorbeistreicht. *(Pause)*

Hört jetzt genau auf alle Klänge um euch herum. *(Dreißig Sekunden Pause)* Hört euren Atem. *(Pause)* Jetzt ist es an der Zeit, den Raum des Hörens zu verlassen.

Jetzt gehen wir weiter in den Raum des Geruchs. Ihr erkennt das Zimmer an der großen Nase auf seiner Tür. Ihr öffnet die Tür und riecht viele scheußliche Gerüche, unter anderem den faulen Geruch von altem Essen. Fangt an, dieses Zimmer zu reinigen, säubert besonders alle Ecken und Winkel. Vielleicht möchtet ihr wieder mit eurem Körper die Bewegungen bei der Reinigung nachmachen. *(Eine Minute Pause)*

Macht alles hell und sauber, so daß es gut duftet. Während ihr dies tut, riecht ihr all eure Lieblingsgerüche. *(Pause)* Genießt dieses Zimmer und atmet seinen Wohlgeruch tief ein. *(Dreißig Sekunden Pause)* Jetzt ist es an der Zeit, das Zimmer des Geruchs wieder zu verlassen.

Nun gehen wir weiter zum Zimmer des Geschmacks. Dieser Raum hat eine riesige Zunge an der Tür. Das Zimmer ist sehr unordentlich. Alle Nahrungsmittel liegen durcheinander herum, und ihr schmeckt all die Sachen, die ihr überhaupt nicht mögt: Leber, Spinat, Rosenkohl. Während ihr den Raum des Geschmacks reinigt, achtet darauf, daß ihr all die verschiedenen Geschmäcker voneinander trennt: die Erdnußbutter von der Pizza, die Äpfel von den Apfelsinen. *(Dreißig Sekunden Pause)*

Jetzt habt ihr das Zimmer des Geschmacks gereinigt und aufgeräumt und könnt euer Lieblingsessen schmecken. *(Eine Minute Pause)* Jetzt wollen wir das Zimmer des Geschmacks wieder verlassen.

Wir gehen weiter in das Zimmer der Berührung. An seiner Tür befindet sich eine große Hand. Reinigt es sehr gründlich und schmeißt all den Unrat hinaus, der euch daran hindert, Dinge richtig zu fühlen. *(Pause)*

Wenn ihr mit der Reinigung fertig seid, könnt ihr euch in dem Zimmer bewegen und die Wände befühlen. Streicht mit den Händen über die Tapete, die eine Mischung aus Samt, Seide, Sandpapier, Satin, Eis und Baumrinde ist, und spürt, wie gut sich alles auf eurer Haut anfühlt. *(Dreißig Sekunden Pause)*

Streicht jetzt mit euren Händen über eure Kleidung und spürt, wie sie sich anfühlt. Befühlt vorsichtig euer Gesicht und Haar. *(Pause)* Spürt, wie wunderbar ihr euch anfühlt. *(Pause)*

Es ist jetzt an der Zeit, das Zimmer der Berührung zu verlassen, und wenn ihr eure Augen öffnet, möchtet ihr vielleicht die Dinge um euch herum befühlen.

Jetzt bleibt nur noch ein Zimmer zu reinigen, und das ist der Dachboden. Ihr steigt eine alte Wendeltreppe zum Dachboden hinauf, der voller Spinnweben und Fledermäuse ist. Das ist das Zimmer eures sechsten Sinns, ... das Zimmer der außersinnlichen Wahrnehmung, ... das Zimmer der inneren Einsicht. Es ist sehr staubig, weil es schon seit langer Zeit nicht mehr benutzt wurde. Ihr fangt an, das Zimmer des sechsten Sinns zu reinigen; ihr bemerkt ein kreisrundes Fenster ganz am Ende des Raumes. Es ist so schmutzig, daß ihr nicht hindurchsehen könnt. Ihr putzt es blitzblank, und während ihr dies tut, entfaltet sich ein wunderschönes Schauspiel vor euch. *(Eine Minute Pause)*

Ihr schaut weiter aus diesem Fenster und erkennt all die Farben, Klänge, Gerüche, Geschmäcker und die Beschaffenheit der Szene, die sich vor euch entfaltet. *(Dreißig Sekunden Pause)*

Jetzt ist es an der Zeit, das Zimmer des sechsten Sinns zu verlassen. Ihr schließt die Tür, steigt die Wendeltreppe herab, ... geht an den Zimmern eurer fünf Sinne vorbei und laßt eure Putzmittel in dem Schrank im Flur. Ihr verlaßt das Haus der Wahrnehmung und sitzt wieder hier. Öffnet langsam eure Augen und spürt all die Farbe, Klänge, Gerüche, Stoffe und Geschmäcker um euch herum.

Reaktionen auf »Das Haus der Wahrnehmung«

Zimmer des Sehens

Mein Zimmer des Sehens sah wie ein Dreieck aus und alle Spinnweben befanden sich in einer Ecke. Als ich meine Augen wieder öffnete, waren alle Farben verschwommen, weil das Licht nicht brannte. Aber als das Licht anging, traten alle Farben klar hervor. Auf dem Boden lagen Bücher und Puzzleteile. Ich habe die Fenster geputzt, und als ich das Zimmer betrachtete, glänzte alles. Als ich die Puzzleteile zusammensetzte, waren es zwei Augen. Es waren meine Augen und sie glänzten. – *Carlos*

Zimmer des Hörens

Meine Tür sah wie ein Ohr aus. Innendrin hörte ich diese hohen, kreischenden Geräusche. Ich habe alles vom Wachs gereinigt. Mein Ohr tat weh, weil ich so stark geschrubbt habe. – *Chris*

Zimmer des Riechens

Nachdem ich das Zimmer des Geruchssinns gereinigt hatte, duftete es nach Rosen und Brathähnchen. Ich roch oder meine Nase roch so etwas wie Fell, als ob meine Katze sich an meiner Nase rieb. – *Carlos*

Zimmer der Berührung

Es war schwer für mich, aber dann sah ich, wie sich zwei Hände öffneten, und ich ging hinein und fühlte die weichen Stoffe. – *David*

Zimmer des Geschmacks

Zuerst war es furchtbar, voller Schimmel und voller Essen, das ich nicht mag, und dann habe ich es geputzt und Pizza und Cola geschmeckt. – *Devin*

Zimmer des sechsten Sinns

Ich begann, das Fenster des sechsten Sinns von der Mitte aus zu putzen und es war, als zeichnete ich ein Mandala. Als ich aus dem Fenster blickte, sah ich einen Ozean, und über dem Ozean wuchs ein riesiger Blumenstrauß. – *Janine*

Kapitel 5

Verbales kontra nonverbales Lernen

Visuell und kinästhetisch lernen

Vielen Kindern wird durch die gängigen Erziehungstechniken die Möglichkeit verweigert, ihr Lernpotential voll auszunutzen. Durch Kürzungen der finanziellen Mittel im Bereich der Kunst- und Leibeserziehung werden nicht nur Unterrichtsstunden gestrichen, die bereichern können, sondern auch Stunden, die Kindern, die visuell oder kinästhetisch lernen, beim Lernen helfen würden. Unser heutiges System ist auf das verbale Lernen ausgerichtet, und Kinder, die nicht verbal lernen, passen eben nicht hinein. Die meisten Testmethoden sind auf das lineare, folgerichtige Denken beschränkt, das sich auf den verbalen Inhalt bezieht. Kinder, die visuell oder durch Muskelempfindung lernen, werden oft als »langsame Lerner« bezeichnet.

Ein solcher Schüler war Carlos. Er war ein hübscher Achtjähriger mit dunkelbraunem Haar, wunderschönen braunen Samtaugen und einem schüchternen Lächeln. Er kam aus einer zweisprachigen Familie, die viel Wert auf schulische Erfolge legte. Aber er war ein Träumer und oft in seine Phantasiewelt von Abenteuern auf Unterseebooten und Reisen im Weltall versunken. Er sagte nicht viel während des Unterrichts und nahm sehr selten aktiv an Diskussionen teil.

Carlos Hauptinteresse galt der Kunst. Während ich der Klasse von Vokalen oder der Großschreibung erzählte, zeichnete er komplizierte Weltraumfahrzeuge und Unterseeboote. Bei Schreibtests oder Mathematikarbeiten starrte er oft minutenlang in die Luft, bevor er dann Zahlen und Buchstaben sehr genau hinmalte. Es dauerte sehr lange, bis er einen Satz beendet oder einige Rechenaufgaben gelöst hatte. Fast nie gelang es ihm, die Aufgaben in der vorgegebenen Zeit fertigzustellen.

Zwei Monate nachdem die Schule begonnen hatte, merkte ich, daß Carlos immer eins der ersten Kinder war, das während einer Phantasiereise seine Augen schloß, und daß er begeistert von seinen Phantasiebildern erzählte. Die übrigen Kinder und ich hörten hingerissen zu, als er uns erzählte, was er während der Übung »Abenteuer unter Wasser« »gesehen« hatte:

Ich ging den Tunnel hinunter und gelangte in den Blasenraum. Ich hatte ein komisches Gefühl in dem Raum. Er war ganz von Wasser umgeben. Aber in dem Raum selbst war kein Wasser, nur weiche Kissen. Draußen stand ein Skateboard und ich stellte mich auf das Skateboard und fuhr an die Zimmerdecke. Oben befand sich ein Rad von Fischen, in der Mitte ein Hai und drumherum Schwertwale und Delphine. Dann war es an der Zeit, wieder hierherzukommen.

Nachdem ich seine Reaktionen auf mehrere Phantasiereisen gehört hatte, merkte ich, daß jedesmal, wenn wir unsere Augen schlossen und uns in die Phantasiewelt begaben, vor Carlos Augen ein ganzer Film mit einer vollständigen Handlung abrollte. Oft zeichnete er Bilder seiner Phantasievorstellungen nach einer Übung und beschrieb uns dann, was er gesehen hatte.

Je mehr wir seine Bildvorstellungen akzeptierten, desto mehr Zutrauen gewann er, seine Vorstellungen auch auszusprechen. Seine Ausdrucksweise wurde immer verständlicher. Nach einigen Monaten »träumte« Carlos weniger während des Unterrichts und konnte seine Aufgaben leichter erledigen.

Wenn ich an Carlos denke, kommt mir ein anderer visueller Denker in den Sinn, der schließlich ein berühmter Künstler wurde. Dieser Junge war ein völliger Versager in der Schule. Trotzig lehnte er es ab, irgend etwas anderes zu tun als zu malen; der Pinsel wurde zur Verlängerung seines Armes. Sein Vater war selbst Kunstlehrer, so daß dieser Junge von schönen Bildern und dem wunderbaren Geruch von Ölfarben umgeben war. Er versuchte die Atmosphäre seines Elternhauses in der Schule nachzuahmen und brachte die Tauben aus dem Atelier seines Vaters mit zur Schule, weigerte sich aber stillzusitzen, um Schreiben, Lesen und Rechnen zu lernen.

Der Vater, der die angeborenen Fähigkeiten seines Sohnes und seine Liebe für das Visuelle erkannte, nahm ihn schließlich mit zehn Jahren von der Schule und ließ ihn durch die Gassen der Stadt streifen, wo er die Straßenszenen genoß und malte und zeichnete, wie es ihm gefiel. Als es an der Zeit war, die Zulassungstests für eine akademische Kunsthochschule zu machen, bestand er an einem Tag all die Prüfungen, die sonst eigentlich einen Monat in Anspruch nahmen. Er hatte gelernt, sein Gedächtnis mit visuellen Stichworten zu präparieren. Dieser »Lerner«, Pablo Picasso, war in der glücklichen Situation, das Straßenleben in Madrid beobachten zu können.[1] In unserer heutigen Gesellschaft ist eine solche Lernmethode fast unmöglich.

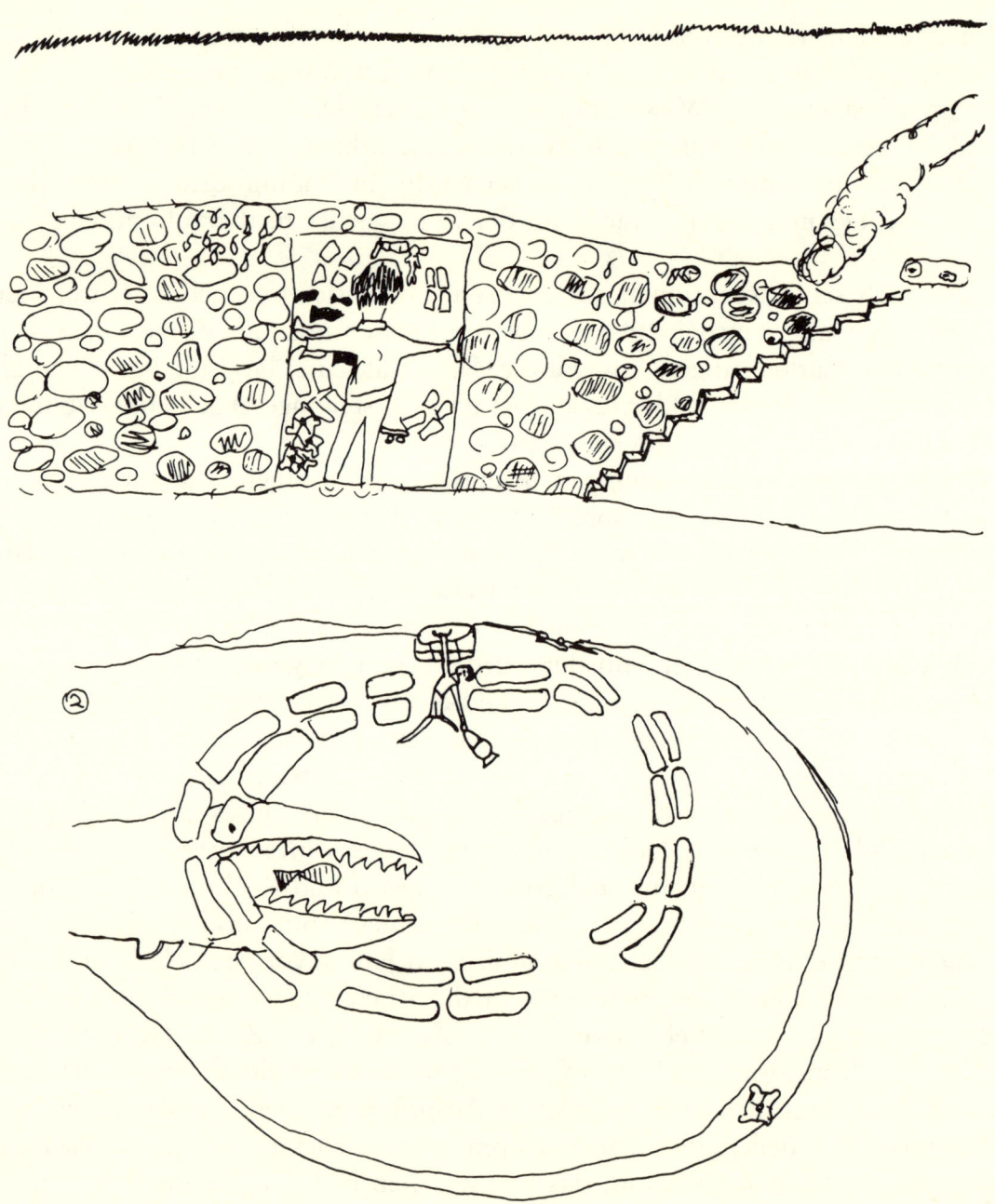

56

③

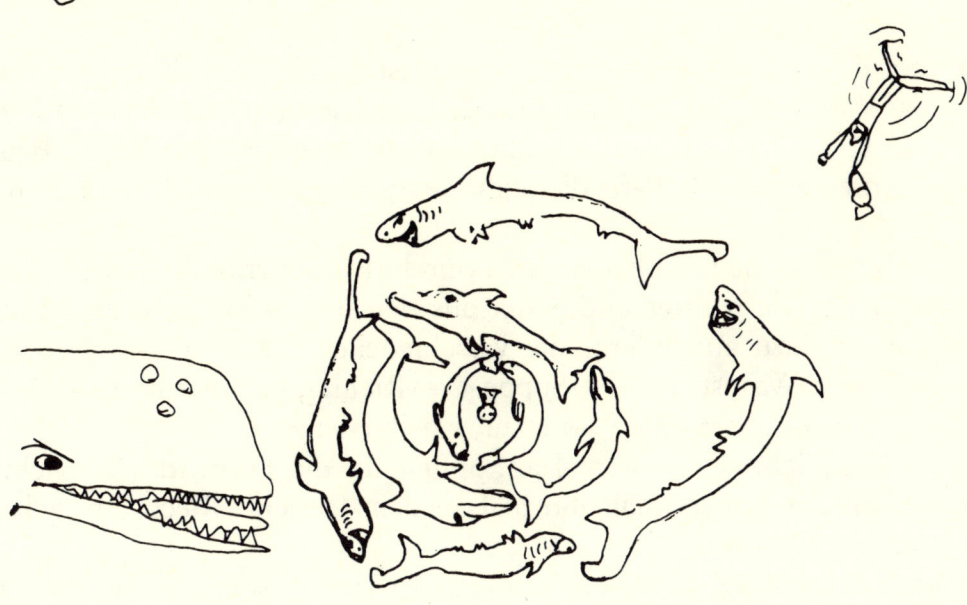

④

te-ten te-ten te-ten te-ten-te-ten-te-ten

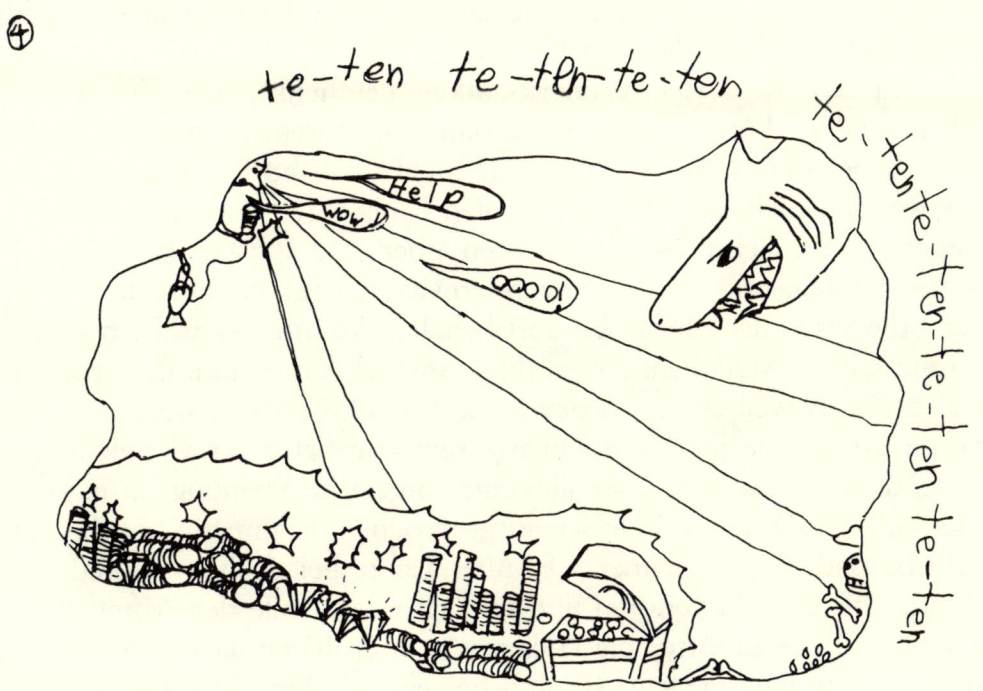

Help
wow
gool

57

Worte schränken das Lernen ein

Ich glaube, daß wir die Lese-, Schreib- und sprachlichen Fähigkeiten bei unseren Kindern zu stark betonen. Unsere Überbetonung des geschriebenen und gesprochenen Wortes verhindert, daß wir lernen, uns auf andere Art und Weise auszudrücken. Wir leben in einer Gesellschaft, die alles kategorisieren und mit Etiketten versehen will.

Wenn ich mit meinem Einkaufswagen durch den Supermarkt gehe, bin ich immer wieder erstaunt, wie Mütter und Väter aus den unterschiedlichsten Schichten ihre kleinen Kinder dazu auffordern, die verschiedenen Nahrungsmittel zu benennen. Der Vater fragt: »Was ist das?« – »Suppe.« – »Richtig, das ist eine Dose Suppe. Und was ist das?« – »Ein Pfirsich.« – »Genau, ein Pfirsich.«

Niemals höre ich: »Faß das mal an. Spürst du die Form, das Gewicht und die Beschaffenheit der Schale? Halt ihn mal an dein Gesicht. Riech ihn. Schau dir die Farben an.«

Warum beschränken wir das, was unsere Kinder wissen, auf das einfache, kurze Wort, das ein Objekt darstellen soll, ein Objekt, das einen ganz eigenen Geruch hat, eine Oberfläche, Form, Geschmack und uns optisch erfreuen kann? Wie klingt ein Pfirsich? Er kann ein Schlaflied wachrufen.

Einigen Kindern wird viel Aufmerksamkeit geschenkt, weil sie sich so »klug« ausdrücken, und sie können nicht mehr damit aufhören. Sie glauben, daß man sie nicht mehr liebt oder anerkennt, wenn sie nicht unaufhörlich reden.

Hillary war ein solches Kind. Ihre verbalen Fähigkeiten und ihr Gedächtnis waren hochentwickelt. Sie liebte es, Geschichten über ihre Reisen nach Jerusalem und Europa zu erzählen, und es war bewundernswert, wieviele Tatsachen sie über das Leben und die Sitten der Menschen dort behalten konnte. Sie war ein zierliches und begeisterungsfähiges Mädchen, das all die Jahre viel Aufmerksamkeit von Erwachsenen erhalten hatte, weil es so redegewandt, klug und hübsch war.

Bisweilen konnte sie jedoch hochnäsig sein. Sie hatte Schwierigkeiten, Freundschaften zu schließen, weil sie über alles eine vorgefaßte Meinung hatte. »So mußt du es machen, Jill.« – »Das hast du falsch ausgesprochen, Maureen.« – »Max, du kannst aber nicht besonders gut zeichnen.« Es überraschte bei all ihrem Gerede nicht, daß einige Kinder die Geduld verloren und ihr sagten, sie solle den Mund halten.

Als ich eines Tages zuhörte, wie Hillary von ihren Ideen nach einer Phantasiereise erzählte, bemerkte ich, wie sehr sie sich bewegte, während sie sprach. Sie gestikulierte mit den Händen und Armen, sie warf den Kopf zurück, ihre Augen glänzten.

Ihr Gesicht bekam einen lebhaften Ausdruck. Ihr ganzer Körper war daran beteiligt, ihr Phantasiebild zu beschreiben. Es schien, als ob sie ihre Ideen zu einem Ballett verarbeitete.

Während ich ihre Bewegungen beobachtete, kam mir die Idee, daß sie möglicherweise durch Muskelempfindung lernt und bisher wenig Gelegenheit hatte, diese Seite ihres Ichs auszudrücken. Ich fragte sie, ob sie uns ihre Ideen vortanzen wollte, statt sie uns zu erzählen. Nach einigem Zögern stand sie auf und begann, sich hin- und herzuwiegen und so die Zweige eines Weidenbaumes nachzuahmen, die sich leicht im sanften Sommerwind bewegten. Langsam hob sie ihre Arme, sah mich noch einmal zur Rückversicherung an und bewegte sich leicht durch den Raum, als ob sie selbst dieser Sommerwind geworden sei. Diese Bewegungen drückten viel mehr über sie aus, als sie uns mit Worten sagen konnte.

Wir waren alle ziemlich überrascht und ganz gefangengenommen. Hillary war einfach hinreißend! Sie hatte eine neue Art gefunden sich auszudrücken – einen Weg, der ihr durch ihr ständiges Gerede bisher versperrt gewesen war.

Es besteht immer ein Risiko, wenn man eine neue Form des Ausdrucks sucht, aber meistens wiegt der Gewinn schwerer. Jede neue Form des Ausdrucks erschließt eine andere. Nachdem Hillary ihre Bilder durch Bewegung ausgedrückt hatte, fühlte sie sich mehr zu Kunst und Dichtung hingezogen.

Während eines Tages in der folgenden Woche schlug ich ihr vor, daß sie ihre Ideen zuerst durch Bewegung darstellen sollte, bevor sie versuchte, sie aufzuschreiben. Sie ging durch das Klassenzimmer, hielt inne, setzte sich auf den Boden und bewegte ihre Arme, als ob sie etwas neu ordnete. Dann schrieb sie:

Wenn du auf dem Boden liegst
Und die Wolken betrachtest
Siehst du auch, wie der Wind sie umherbläst
Immer im Kreis

Wenn ein Kind eine Phantasievorstellung zuerst zeichnen, summen oder durch Bewegung ausdrücken kann, fällt es ihm möglicherweise viel leichter, darüber zu sprechen oder zu schreiben. Versuchen Sie es einmal bei Ihrem eigenen Kind. Das Ergebnis wird sie überzeugen.

Übung 6

Ein Abenteuer unter Wasser

Alter: fünf Jahre und darüber
Übungsdauer: fünf Minuten
Fortsetzung: fünfzehn Minuten

Schließt die Augen und konzentriert euch auf eure Atmung. *(Pause)* Stellt euch vor, daß ihr am Strand spazierengeht. Es ist ein wunderschöner, sonniger Tag, und ihr freut euch am Geräusch der Brandung. *(Pause)* Auf eurem Spaziergang am Strand bemerkt ihr eine Falltür. Ihr öffnet sie und seht eine Steintreppe, die unter dem Sand entlangführt. Ihr steigt die Treppe hinab, ihr fühlt euch ganz sicher, und kommt in einem Tunnel an. Ihr lauft durch diesen Tunnel, bis ihr am anderen Ende zu einem Zimmer gelangt. Ihr betretet den Raum, der wie eine Glaskugel aussieht. Ihr befindet euch in einem gläsernen Zimmer unter dem Meer. Wunderschöne, bunte Fische schwimmen draußen umher. Ihr seht ein Unterseeboot und einen Taucheranzug in dem Zimmer für den Fall, daß ihr einen Ausflug ins Meer wagen wollt. In der Mitte des Zimmers steht auch ein weicher Stuhl, falls ihr euch hinsetzen wollt. Jetzt habt ihr eine Minute Zeit, eine Minute, die solange dauert, wie ihr braucht, um alle Wunder unter Wasser zu genießen.

(Nach einer Minute) Jetzt ist es an der Zeit zurückzukehren. *(Pause)* Ihr lauft zurück durch den Tunnel, die Treppe hinauf ins Sonnenlicht. Ihr schließt die Falltür und wißt, daß ihr immer wieder hierher zurückkehren könnt, wenn ihr wollt. Ihr verlaßt den Strand und befindet euch wieder hier, in der Gegenwart.

Ich werde bis zehn zählen. Wenn ich bei sechs angelangt bin, könnt Ihr mitzählen. Öffnet eure Augen bei zehn. Ihr seid dann ganz wach und erinnert euch an euer Abenteuer.

Eins... zwei... drei... vier... fünf... sechs... sieben... acht... neun... zehn.

Anmerkung für Eltern und Lehrer

Erklären Sie Ihren Kindern, daß Sie in Übung 7 einen Ort in Zeit und Raum besuchen werden, den sie noch niemals gesehen haben. Sie können in die Vergangenheit oder in die Zukunft gehen und als Journalisten auftreten, die soviel wie möglich über diesen unentdeckten Ort erfahren wollen. Wenn sie von ihrer Forschungsreise zurückkehren, schreiben sie einen Bericht über das, was sie gesehen haben. Bitten Sie die Kinder, auf alle Farben, Töne, Gerüche, Geschmäcker und Gefühle zu achten, die sie auf dieser Reise erlebt haben.

Übung 7

Zeitreise

Alter: acht Jahre und darüber
Übungsdauer: fünf bis zehn Minuten
Folgezeit: fünfzehn Minuten

Schließt die Augen und macht es euch in eurem Stuhl bequem, so daß ihr einige Minuten in dieser Position sitzen bleiben könnt. Achtet darauf, wie ihr durch die Nase ein- und ausatmet. Wenn ihr auf euren Atem achtet, werdet ihr feststellen, daß ihr euch sehr entspannt, und trotzdem seid ihr hellwach. Laßt jetzt alle Gedanken und Erwartungen, die ihr vielleicht habt, los, und laßt eurer Phantasie freien Lauf.

Stellt euch jetzt vor, daß ihr diesen Raum verlaßt. Vor euch steht eine Zeitmaschine. Lauft einmal um die Zeitmaschine herum, achtet auf ihre Form und auf die Steuerungsvorrichtung. Ihr steigt in die Maschine und stellt die Steuerung auf eine Zeit ein, die viele Jahre zurückliegt oder viele Jahre in der Zukunft liegt. Wenn ihr die Steuerung auf die gewählte Zeit einstellt, fühlt ihr, wie ihr ganz leicht angehoben und in diese Zeit transportiert werdet. Während ihr auf dem Weg seid, scheint sich das Licht um euch herumzubewegen. Wenn ihr landet, könnt ihr ein neues Land erforschen. Ihr seht euch die Landschaft an und die Lebewesen dort. Wenn es in dieser Welt Lebewesen gibt, versucht, zu ihnen Kontakt aufzunehmen und herauszufinden, wie ihre Kultur aussieht, ihr Familienleben, was sie essen und wie sie leben. Wenn es dort Musik gibt, könnt ihr ein Lied aus ihrer Welt mitbringen. Achtet auf ihre Kunst. Vielleicht möchtet ihr euch eine bestimmte Person oder ein bestimmtes Wesen aussuchen und einige Zeit mit ihm verbringen. Jetzt habt ihr einige Zeit, eure Forschungen in der Welt, in der ihr euch jetzt befindet, zu betreiben, es ist all die Zeit, die ihr braucht, denn ihr könnt Tage, Wochen, Monate oder sogar Jahre dort verbringen, bevor es wieder an der Zeit ist zu gehen.

(Nach zwei bis drei Minuten) Jetzt wollen wir diese Welt wieder verlassen und in die Zeitmaschine einsteigen. Vielleicht möchtet ihr den Wesen, mit denen ihr Freundschaft geschlossen habt, sagen, daß ihr sie wieder einmal besuchen werdet. Stellt die Steuerung auf die Gegenwart ein und kehrt sicher wieder in diesen Raum

zurück. Wenn ihr eure Augen öffnet, könnt ihr euch an alles erinnern, was ihr gesehen und gefühlt habt, in allen Einzelheiten, und ihr könnt einen Bericht über all das schreiben, was ihr auf der Reise erlebt habt.

Ich zähle bis zehn, und ihr zählt mit, wenn ich bei sechs angelangt bin. Wenn ihr eure Augen bei zehn öffnet, fühlt ihr euch hellwach und erinnert euch an alles.

Eins... zwei... drei... vier... fünf... sechs... sieben... acht... neun... zehn.

Diese Übung kann man einmal pro Monat wiederholen, damit die Kinder die Möglichkeit haben, mehr über die Lebenssysteme der Welt, die sie besucht haben, zu erfahren. So gewinnt man ideenreiches Diskussionsmaterial für Gespräche über Familienstrukturen, Transportsysteme, Nahrung, Umwelt, Musik und Kommunikation. Diese Übung eignet sich besonders für ältere Schüler, aber sie kann auch mit jüngeren Kindern gemacht werden.

Reaktionen auf die »Zeitreise«

Meine Reise in die Vergangenheit

Ich war auf dem Hof und schaukelte. Dann hörte ich einen großen Knall und sprang von der Schaukel, um nachzusehen, was los war. Als ich hinkam, sah ich eine Kugel. Ich suchte überall nach einer Tür. Zuerst konnte ich keine finden, aber nachdem ich etwa hundertmal um die Kugel herumgelaufen war, fand ich die Tür.

Ich öffnete sie, und im Innern war ein großer, orangefarbener Sessel. Davor stand ein Computer, der überall Knöpfe hatte. Auf einem der Knöpfe stand »Zurück« und auf einem »Vorwärts«. Es gab aber noch mehr Knöpfe. Auf einem stand »Start« und auf einem anderen »Stop«.

Ich beschloß, mit dem kleinen runden Ball eine Reise zu unternehmen. Dann fand ich heraus, was vorwärts und zurück bedeutet. Zurück bedeutete zurück in die Vergangenheit, und vorwärts hieß vorwärts in die Zukunft.

Ich besorgte mir etwas zu essen. Dann stieg ich in das runde Raumschiff ein und drückte den Startknopf. Gleich nachdem ich den Knopf gedrückt hatte, setzte ich mich in Bewegung. Ich flog sehr schnell. Ich sah aus dem Fenster und betrachtete die Wolken. Ich war hoch oben im Himmel.

Dann landete ich in einem Ort in der Vergangenheit. Die Frauen hatten schöne Kleider an. Die Männer trugen schwarze Anzüge und hohe Hüte. Ich sah mich überall um. Der Ort war sehr schön. Die Schulen sahen sehr altmodisch aus. Die Kinder versuchten so schön wie möglich zu schreiben, weil sie keine Schläge mit dem Lineal bekommen wollten. Alle Leute eilten umher. Dann sah ich ein kleines Mädchen. Sie erzählte mir ein wenig über den Ort.

Dann mußte ich wieder zurückkehren und verabschiedete mich von allen. Ich stieg wieder in das Kugelraumschiff ein. Ich drückte »Start« und flog wieder weg. Nach einigen Sekunden war ich wieder in meinem Klassenzimmer in St. Augustine. Die Reise hat mir sehr gefallen. – *Laura, acht Jahre alt*

Zeitmaschine

Meine Reise ging in die Zukunft. Meine Zeitmaschine war groß und wie ein Ei geformt. Sie war weiß und blau. Auf meiner Reise sah ich viele Dinge, zum Beispiel waren alle Leute nackt. Sie fuhren keine Autos, sondern flogen in der Stadt mit einer Art Rakete auf dem Rücken herum. Die Luft war so verschmutzt, daß man all die toten Fische und Pflanzen am Strand sehen konnte. Die Flüsse und Seen waren mit Unrat und Chemikalien von achtlosen Campern und Unternehmen verunreinigt. Alle Delphine und Wale waren gestrandet. Die Vögel, die sonst auf dem Meer herumschwammen, konnten dies nicht mehr tun, weil überall Ölflecken waren und das Öl ihre Federn verklebte, so daß sie nicht mehr fliegen konnten. Viele Fische und andere Organismen starben, weil sie keine Luft mehr bekamen. Ich flog hinauf, dorthin, wo es keine Verschmutzung und keine Häuser gab und nichts um mich herum war. Nur ganz, ganz frische Luft. – *Alicia, sechzehn Jahre*

Anmerkung für Eltern und Lehrer

Übung 8 kann in Zusammenhang mit einer Erdkundestunde oder im Sozialkunde-
unterricht gemacht werden, so daß sich ihr Kind oder die Schüler das Leben in
anderen Kulturen und Ländern besser vorstellen können (beispielsweise in Latein-
amerika, im alten Ägypten, in Afrika). Eltern finden diese Übung oft hilfreich, wenn
sie eine Reise ins Ausland vorbereiten. Es macht den Kindern Spaß, sich vorzustellen,
wie Land und Leute aussehen, und dann bei ihrem Besuch festzustellen, wie genau
ihre Vorstellung gewesen ist.

Übung 8

Andere Kulturen

Alter: acht Jahre und darüber
Übungsdauer: fünf bis zehn Minuten
Folgezeit: fünfzehn Minuten

Schließt die Augen und konzentriert euch ganz auf eure Atmung. Stellt euch vor, daß sich euer Körper bei jedem Ausatmen mehr und mehr entspannt. *(Pause)* Stellt euch vor, daß euer Körper rund wird, daß er die Form eines Balles, einer Kugel oder eines Globus annimmt. Gleich werdet ihr bemerken, daß sich diese Kugel bewegt und daß ihr tatsächlich mit sehr großer Geschwindigkeit über weite Strecken dahinsaust, immer weiter, bis ihr immer langsamer werdet und schließlich anhaltet. Euer Körper nimmt wieder seine normale Form an, und ihr seht euch um, um festzustellen, wo ihr angekommen seid. Es ist ein fremdes Land, eine neue Welt, in der ihr euch befindet, und es ist sehr interessant für euch, alles zu erforschen.

Untersucht diese Welt, ihre Lebensformen, ihre Landschaft. Wenn es Menschen in diesem Land gibt, unterhaltet euch mit ihnen und versucht, alles über ihre Kultur, ihr Familienleben, ihre Speisen und über ihr Leben herauszufinden. Wenn es dort Musik gibt, werdet ihr in der Lage sein, ein Lied mit zurückzubringen. Achtet auf ihre Kunst. Ihr habt jetzt einige Minuten Zeit, all die Zeit, die ihr braucht, um dieses Land zu erforschen. Ihr könnt Tage, Wochen, Monate oder sogar Jahre dort verbringen, bevor ihr dieses Land wieder verlassen müßt. Fangt an. *(Drei Minuten Pause)*

Jetzt ist es an der Zeit zurückzukehren. Ihr seht euch noch einmal um, achtet auf die Farben, Formen, Klänge, Gerüche und Geschmäcker. Dann bewegt ihr euch wieder ganz schnell als Kugel durch Zeit und Raum und landet ganz sanft hier, und euer Körper nimmt wieder seine normale Gestalt an. *(Pause)*

Gleich werde ich bis zehn zählen. Zählt mit, wenn ich bei sechs angelangt bin, und öffnet eure Augen bei zehn. Ihr fühlt euch dann ganz entspannt und hellwach und seid bereit, zu zeichnen oder zu beschreiben, was ihr bei eurem Besuch in einer anderen Kultur erlebt habt.

Eins... zwei... drei... vier... fünf... sechs... sieben... acht... neun... zehn.

Entdeckung der neuen Welt

Es war frühmorgens, und ich versuchte, den König und die Königin davon zu überzeugen, daß die Welt rund ist. Als ich es ihnen erzählte, glaubten sie, daß ich verrückt sei, und sie riefen ihre Wachen und warfen mich hinaus.

Ich wurde so wütend, daß ich beschloß, es ihnen zu beweisen, aber zuerst mußte ich eine Mannschaft finden und einige Schiffe kaufen. Aber das war nicht die einzige Schwierigkeit; das größte Problem war, daß ich kein Geld hatte. Also sah ich mich um und suchte mir einen Job. Nach einigen Tagen fand ich endlich einen Job in einer Bar. Ich verdiente nicht viel Geld, aber es war immerhin etwas.

Zwei Jahre vergingen, und ich hatte genug Geld zusammen, um fünf Schiffe zu kaufen. Jetzt mußte ich mir nur noch eine Mannschaft suchen. Glücklicherweise hatte ich einen Freund, der Jack hieß und mir half, und nach einem Monat konnten wir in See stechen. Es dauerte sechs Monate, bis wir Land erreichten. Wir gingen an Land, und es gab Menschen dort. Weil ich nicht wußte, wie sie hießen, nannte ich sie Indianer. Sie nahmen mich in ihr Lager mit und gaben mir etwas getrocknetes Fleisch zu essen, das ich nicht mochte. Wir blieben drei Monate lang dort und dann mußten wir wieder zurückkehren. Wir erzählten dem König von dem neuen Land, und er glaubte uns nicht, also behielten wir es für uns. – *Bobby, zwölf Jahre alt*

Kapitel 6

Förderung der Geschicklichkeit durch Phantasiereisen

Haben Sie schon einmal beobachtet, wie wißbegierig kleine Kinder sind? Und wie sie ständig in Bewegung sind, wenn sie etwas lernen? Egal, ob sie an der Wandtafel malen, einen Kuchenteig rühren oder mit Bauklötzen bauen, immer ist ihr ganzer Körper daran beteiligt. Und während sie sich bewegen, lernen sie.

Wenn Kinder älter werden, setzen sie ihren Körper beim Lernen immer weniger ein. Der Schulalltag besteht fast ausschließlich aus Sitzen, Zuhören und Schreiben. Man bedenke, wieviel geistige Energie bei Kindern brachliegt, weil sie ihren Körper nicht bewegen dürfen. Dieses geistige Potential läßt sich durch die Arbeit mit Phantasiebildern zurückgewinnen. Unser Körper reagiert auf geistige Bilder. Wenn wir uns eine bestimmte Bewegung vorstellen, leitet das Gehirn dieses Wissen an die Muskeln weiter. Athleten nutzen diese Technik, um ihre Geschicklichkeit bewußt zu verbessern. Arnold Schwarzenegger, der fünfmal Mister Universum und viermal Mister Olympia war, behauptet, daß Gewichtheben eine Übung sei, bei der der Geist die Materie besiegt. »Solange der Geist sich vorstellen kann, daß er eine Aufgabe bewältigen kann, ist auch der Körper dazu in der Lage. Ich stelle mir vor, daß ich dort stehe und mein Ziel schon erreicht habe. Die Ausführung an sich ist nur die körperliche Durchführung – eine Erinnerung an die Vision, auf die man sich konzentriert.«[1]

Kinder verwenden diese Form des geistigen Probedurchlaufs beim Sport, ohne weiter darüber nachzudenken. Ich habe Tausende von Kindern befragt, wie sie sich im Geist auf ein sportliches Ereignis vorbereiten. Hier sind einige ihrer Antworten.

Ich sehe, wie ich an der Freiwurflinie stehe und fühle den Basketball in meiner Hand. Dann spüre ich, wie sich mein Körper für den Wurf anspannt und sehe, wie der Ball ins Netz geht, wenn ich ihn werfe.

Oft denke ich abends vor einem Wettbewerb im Bett darüber nach, wie ich meine Gymnastikübung ausführe. Auf diese Weise sehe ich, wo ich Fehler machen könnte und was ich verbessern kann.

Ich kann richtig spüren, wie ich mich durchs Wasser bewege, bevor ich schwimme. Vor einem Schwimmwettbewerb kann ich alles vor meinen Augen sehen. Und ich weiß immer, daß ich gewinnen werde.

Wenn ich frage, ob ihnen diese geistigen Bilder helfen, lautet die Antwort immer ja. Wenn ich nachfrage, ob ihnen irgend jemand diese Art der geistigen Vorstellung beigebracht hat, antworten sie immer mit nein. »Ach nein, ich möchte niemandem davon erzählen, sie würden mich für verrückt halten.«

Für diese Kinder ist die geistige Probe eine natürliche Methode, während Athleten Visualisierung und die Arbeit mit Phantasiebildern später von Berufstrainern lernen müssen. Professor Richard Suinn, Leiter der Abteilung für Psychologie an der staatlichen Universität von Colorado »bittet Skifahrer, die an der Olympiade teilnehmen, sich ihre Läufe im Geist vorzustellen und die Fehler, die sie während der körperlichen Übung gemacht haben, im Geist zu korrigieren«.

Nachdem ich mit meinen Schülern über die Verbesserung der sportlichen Leistungen durch Bildvorstellungen gesprochen habe, ist meine nächste Frage, wie sie diese Art der geistigen Übung benutzen könnten, um ihre schulischen Leistungen zu verbessern. Hier sind einige Antworten:

Ich könnte mir vorstellen, daß ich mich in Mathe verbessern könnte oder eine gute Arbeit schreibe.

Ich könnte im Geist Wörter schreiben, wenn ich sie lerne. Ich kann mir vorstellen, daß ich immer gute Noten bekomme.

Ich habe einmal ein achtjähriges Mädchen unterrichtet, das visuell nicht sehr aufnahmefähig war. Elise lernte weder mit dem Gehör noch mit den Augen und konnte sich an die Rechtschreibung eines Wortes nicht erinnern, wenn sie es sah und hörte. Ich machte Phantasiereisen mit Elise, die den Körper ansprachen, damit sie sich erinnern konnte. Ich arbeitete mit dem Wort *malen* und bat sie, zuerst das geschriebene Wort zu betrachten; dann schrieb sie es in großen Buchstaben mit der Hand in die Luft und benannte dabei alle Buchstaben und das Wort selbst richtig. Dann schrieb sie das Wort noch einmal in der Luft und stellte sich dann die Übung geistig vor.

Dann bat ich sie, sich vorzustellen, wie sie ihr Lieblingsbild malt. Das tat sie und schrieb dann das Wort *malen* richtig aufs Papier. Elise erinnerte sich an die Schreibung und Bedeutung des Wortes, weil sich die Erinnerung daran jetzt in ihrem Gehirn *und* in ihrem Körper befand. Durch wiederholtes Üben blieb die Erinnerung.

Wir können Phantasiebilder benutzen, um alle möglichen Fähigkeiten zu verbessern: sportliche, theoretische und künstlerische. Kinder verbessern ihre musikalischen Fähigkeiten, wenn sie im Geist ein Instrument, sei es Klavier oder Saxophon, oder ihre Stimme üben. Kinder können in ein oder zwei Minuten vor ihren geschlossenen Augen sehen, fühlen und hören, wie sie eine ganze Komposition spielen, und führen das Stück dann anschließend perfekt auf. Eine Klavierlehrerin erzählte mir, wie sie kurze Entspannungs- und Phantasieübungen einsetzt, damit ihre Schüler ein

Stück »hören«, bevor sie es mit dem richtigen Ausdruck und dem richtigen Tempo spielen. Dann läßt sie sie das Stück im Geist üben, wobei sich die Kinder vorstellen, wie ihre Finger fließend über die Tasten gleiten. Anschließend spielen sie gefühlvoller, mit größerem Geschick und mehr Respekt für ihre Kunstform.

Jean Houston und Robert Masters von der *Foundation for Mind Research* haben eine Reihe »psychophysikalischer« Übungen entwickelt, die Menschen helfen sollen, ihre körperlichen und geistigen Fähigkeiten besser einzusetzen. In einer Übung, die als »Multitracking« bezeichnet wird, fordert Dr. Houston auf, soviele Teile des Körpers und des Geistes wie möglich auf einmal zu bewegen, um alle Verbindungen im Gehirn zu trainieren. Diese Übung wurde für Kinder wie folgt vereinfacht.

Übung 9

Bauch und Kopf

Alter: drei Jahre und darüber
Übungsdauer: drei Minuten

Diese Übung macht Spaß und muntert auf. Sie reinigt Geist und Körper von vorhandenen Spinnweben. Die Kinder sind immer wieder überrascht, wieviele Dinge sie gleichzeitig tun können. Ein neunjähriger Junge sagte mir: »Ich habe entdeckt, daß ich mehr als eine Sache auf einmal machen kann; ich hab immer geglaubt, daß ich nur rennen und gleichzeitig schreien könnte!«

Wir beginnen, indem wir unser Gewicht ganz gleichmäßig auf beide Füße verteilen. Holt jetzt tief Luft und entspannt euch. Streicht euch jetzt mit der rechten Hand über den Bauch; fühlt dabei euren Bauch und eure Hand. Schlagt euch jetzt mit der linken Hand auf den Kopf... ganz sanft, immer wieder. Klopft jetzt euren rechten Fuß... und stellt euch in der linken Seite eures Gehirns vor, daß ihr ein Schokoladeneis leckt. Auf der rechten Seite fährt ein Äffchen auf einem Fahrrad. Jetzt wollen wir alle singen: »We all live in a yellow submarine...« Macht etwa eine Minute lang so weiter.

Anmerkung für Eltern und Erzieher

Sie können Übung 10 erweitern, indem sie Ihr Kind oder Ihre Klasse an eine Fertigkeit denken lassen, die verbessert werden soll, wie zum Beispiel das Zuwerfen eines Balls, Rollschuhlaufen oder Schreibmaschineschreiben. Schlagen Sie dann vor, daß sie diese Fertigkeit auf der Stelle mit dem Körper üben. Halt. Fordern Sie die Kinder jetzt auf, dies in ihrer Vorstellung mit dem Bewegungsgefühl zu wiederholen. Sie sollen sehen und fühlen, wie sie diese Fertigkeit üben, ohne sich tatsächlich dabei zu bewegen. Beim nächsten Schritt wird die Übung wieder mit dem Körper geübt. Halt. Und wieder in der Vorstellung. Halt. Lassen Sie das Ganze noch einmal mit dem Körper vorführen. Halt. Schauen Sie, ob es jetzt besser geklappt hat.

Nach dieser Übung berichten viele Kinder, daß sie eine neue Möglichkeit gefunden haben, etwas Bestimmtes zu tun, eine Möglichkeit, an die sie vorher nie gedacht haben. Vielleicht bemerken sie Fehler, die sie machen, oder sie erkennen, daß sie etwas besser machen können, wenn sie entspannt sind. Das Vertrauen in unsere Fähigkeiten wächst, wenn wir uns vorstellen, daß wir etwas perfekt können. Das Gehirn und das zentrale Nervensystem kennt keinen Unterschied zwischen einer unauslöschlich eingeprägten Vorstellung und der tatsächlichen Ausführung. Wenn wir uns eine Vorstellung ganz genau einprägen können, ist dieses Bild genauso stark wie die tatsächliche Handlung.

Körperübungen für das Bewegungsgefühl kann man mit offenen oder geschlossenen Augen durchführen. Ich schließe meine Augen lieber – auf diese Weise kann ich nicht abgelenkt werden.

Übung 10

Bewegt euren Phantasiekörper

Alter: fünf Jahre und darüber
Übungsdauer: drei bis fünf Minuten

Zweck dieser Übung ist, Kindern zu zeigen, wie schnell und wirkungsvoll sich körperliche Fertigkeiten durch eine geistige Probe verbessern lassen. In dieser Übung drehen die Teilnehmer ihren Körper nach rechts, ohne dabei ihre Füße zu bewegen, um festzustellen, wie weit sie sich vor und nach der Übung drehen können.[3]

Verteilt euer Gewicht gleichmäßig auf beide Füße und atmet ganz ruhig und gleichmäßig. Hebt euren rechten Arm in Augenhöhe und konzentriert euch auf euren Daumen. Bewegt die Füße nicht; dreht euren Arm nach rechts. Achtet dabei immer auf den Daumen und seht, wie weit ihr euch bewegen könnt. Überanstrengt euch nicht. Merkt euch jetzt die Stelle an der Wand, bis zu der ihr euch gedreht habt, und führt euren Arm in die Anfangsstellung zurück.

Jetzt wiederholen wir diese Übung, ohne unsere Arme zu bewegen; wir bewegen diesmal nur unsere Augen. Dreht den Kopf nach rechts, ohne den Arm zu heben. Laßt euch dabei von euren Augen führen und merkt euch die Stelle an der Wand. Dieser Punkt ist wahrscheinlich weiter als der erste, den ihr mit eurem Daumen markiert habt. Seht jetzt wieder nach vorn. Entspannt euch und atmet tief ein.

Jetzt wollen wir diese Übung mit unserem kinästhetischen Körper durchführen. Der kinästhetische Körper ist das Bewegungsgefühl in unserer Vorstellung, unser Phantasiekörper. In dem Film *Das Imperium schlägt zurück* lernt Luke Skywalker, die Fähigkeiten seines Phantasiekörpers zu nutzen, indem er lernt, wie man Kraft einsetzt. Jede Fähigkeit, die ihr mit eurem Phantasiekörper übt, könnt ihr auch mit eurem wirklichen Körper ausführen. Vielleicht merkt ihr sogar, wie sich eure Muskeln bewegen, wenn wir diese Übung machen, aber ihr werdet euren Körper nicht bewußt bewegen.

Schließt jetzt die Augen und stellt euch vor, wie ihr euren rechten Arm hebt. Es ist nicht euer wirklicher Arm, sondern euer Phantasiearm. Seht jetzt euren Phantasie daumen an und dreht euren Phantasiearm soweit nach rechts, wie es geht. Ihr kommt an der ersten Stelle an der Wand vorbei und an der zweiten. Markiert jetzt eine Stelle mit eurem Phantasiedaumen, soweit, wie es geht. Bringt jetzt euren Körper im Geist wieder zurück in seine Anfangsposition und senkt euren Phantasiearm. Öffnet die Augen.

Jetzt wollen wir diese Übung mit unserem wirklichen Arm wiederholen. Atmet tief ein, hebt euren Arm bis in Augenhöhe und dreht ihn ganz nach rechts. Geht soweit, wie ihr könnt, ohne euch zu überanstrengen. Merkt euch eine Stelle an der Wand. Bewegt euren Arm wieder zum Anfangspunkt zurück und achtet darauf, wie ihr euch fühlt. Konntet ihr euch weiter bewegen als zu Beginn der Übung? Vielleicht möchtet ihr die Übung mit dem linken Arm wiederholen.

Durch diese Übung wird die Leistung im allgemeinen um dreißig Prozent verbessert. Erwachsene und Kinder sind meistens gleich erstaunt zu sehen, wie man seine realen Fähigkeiten

Übung 11

Geschicklichkeitstraining mit einem Meister

Alter: sieben Jahre und darüber
Übungsdauer: fünf Minuten
Fortsetzung: fünfzehn Minuten

In dieser Übung stellen wir uns vor, daß uns ein »Meister« hilft, eine bestimmte Fähigkeit zu verbessern.[4] *Wählt eine Fertigkeit, die ihr verbessern oder perfektionieren wollt. Das kann Fußballspielen, Schreiben, Malen oder irgend etwas anderes sein, das ihr noch besser machen möchtet.*

Verteilt das Gewicht gleichmäßig auf eure Füße und atmet tief ein. Vor eurem geistigen Auge seht ihr die Fertigkeit, die ihr verbessern wollt. Übt diese Fertigkeit jetzt mit eurem Körper eine Minute lang, so gut es geht, an der Stelle, an der ihr gerade steht.
    (Nach einer Minute) Übt jetzt eine Minute lang mit eurem Phantasiekörper.
    (Nach einer Minute) Setzt euch jetzt bequem hin und schließt die Augen.
    Konzentriert euch ganz auf eure Atmung. Ihr atmet durch die Nase ein... und... aus. Während ihr ruhig weiteratmet, merkt ihr, wie ihr euch immer mehr entspannt.
    Stellt euch jetzt vor, daß ihr durch einen ganz dichten Wald wandert. Der Wald ist sehr schön, und ihr lauft den Weg entlang, immer weiter, bis ihr zu einer Schlucht mit sehr hohen Bäumen kommt. Während ihr auf diese Bäume zugeht, merkt ihr, daß ein Baum eine Tür hat. Ihr öffnet die Tür und gelangt in einen kleinen Flur. Der Flur führt zu einer steinernen Treppe. Ihr geht die Treppe hinunter, immer... weiter... hinunter. Schließlich gelangt ihr in einen großen Raum, der voller wunderbarer Erfindungen ist, die ihr noch nie gesehen habt. Ihr lauft in dem Raum herum und staunt über all die Dinge, die ihr noch nie gesehen habt. Ihr geht durch einen anderen Flur, bis ihr in ein Zimmer gelangt, daß euch sehr friedlich und bekannt erscheint. Dort trefft ihr den Meister eurer Fertigkeit. Er kann euch alles beibringen, was ihr lernen wollt. Dieser Meister spricht mit euch oder macht euch die Dinge vor;

beides hat die gleiche Wirkung auf euch. Ihr habt drei Minuten Zeit. Es ist all die Zeit, die ihr braucht, um von eurem Meister zu lernen.

(Nach drei Minuten) Jetzt verlaßt ihr euren Meister wieder. Ihr bedankt euch bei ihm und wißt, daß ihr immer hierher zurückkehren könnt, wenn ihr es wünscht. Lauft zurück durch den Flur, durch den Raum mit den wunderbaren Erfindungen, die Treppe hinauf und wieder zurück durch die Tür im Baum. Ihr schließt die Tür und lauft zurück durch den Wald. Jetzt sitzt ihr wieder hier. Wenn ihr fertig seid, öffnet ihr die Augen, steht auf und übt eure Fertigkeit noch einmal mit eurem Körper. *(Eine Minute Pause)* Halt. Übt eure Fertigkeit jetzt mit dem Phantasiekörper. *(Eine Minute Pause)* Und jetzt wieder mit eurem wirklichen Körper. *(Eine Minute Pause)* Wenn ihr es jetzt noch einmal mit eurem Phantasiekörper macht, solltet ihr darauf achten, ob ihr noch etwas lernen könnt. Habt ihr eine neue Methode gefunden? In diesem Fall könnt ihr sie mit eurem Phantasiekörper ausprobieren und dann wieder mit eurem wirklichen Körper. Achtet auf jede Verbesserung, die ihr bemerkt, und achtet auch darauf, wie ihr jetzt über eure Fähigkeit denkt.

Reaktionen auf die »Meister«-Übung

Kinder haben berichtet, daß sie sich Pélé vorgestellt haben, um besser Fußball spielen zu können, Haydn, um ihr Klavierspiel zu verbessern und Mark Twain, um humorvoller zu schreiben. Sie bitten auch Freunde, Verwandte und Sagengestalten um Hilfe. Die folgenden Reaktionen stammen von einer Gruppe Kinder aus der dritten Klasse.

Ich war heute wieder bei Haydn. Er sagte, daß ich mehr üben muß, um besser zu werden. Er sagte, daß ich mir die Noten anschauen soll, damit ich mit einem neuen Buch beginnen kann.

Als ich einatmete, hatte ich das Gefühl, als ob ich die Treppe hinunterstieg. Dann war ich auf dem Weg ins Meer, und Neptun zeigte mir, wie man schwimmt.

Ich wollte Wettrennen üben, und mein Lehrer war Bruce Jenner. Er sagte: »Halte deine Geschwindigkeit und lauf immer weiter.«

Ich habe Angst gehabt bei dieser Übung. Ich wollte nicht die Treppe hinuntergehen. Deshalb habe ich gewartet, bis die Übung vorüber war, und habe meine Augen wieder geöffnet.

Wenn Kinder sagen, daß sie vor einer Übung Angst haben, frage ich, ob sie mir sagen wollen, was ihnen Angst einjagt. Das Kind, das bei der »Meister«-Übung Angst hatte, fürchtete sich vor der Dunkelheit und davor, nicht wieder aus dem Baum herauszukommen. Ich erklärte dem Jungen, daß seine Phantasie ihm viele Wahlmöglichkeiten läßt. Er kann die Treppe in Gedanken hell erleuchten, er kann einen Freund mitnehmen, der ihn beschützt oder die Tür bewacht, so daß er sicher wieder zurückkehren wird, oder er kann – wie er es gemacht hat – einfach nicht gehen. Er kann sich auch jederzeit einfach ausschalten und sich eine ganz andere Szene vorstellen. Vielleicht möchte er seinen Meister lieber auf dem Baseballfeld treffen!

Es ist jedoch wichtig, diesen Kindern zu sagen, daß sie in Sicherheit sind, und ihnen die Zeit und die Möglichkeit zu geben, ihre Ängste auszudrücken. Verurteilen Sie sie nicht, indem Sie sagen: »Das ist doch Unsinn, dir kann nichts passieren. Du weißt doch, daß du dir alles nur vorstellst.« In unserer Phantasie gibt es dunkle und helle Bilder, und diese muß man respektieren und ansprechen.

Anmerkung für Eltern und Lehrer

Übung 12, in der es um die Gehirnlappen geht, kann man abändern, indem man die Kinder bittet, sich auf die verschiedenen Teile des Gehirns zu konzentrieren: auf den Stirnlappen, den Sitz der Voraussicht und der Fähigkeit, für die Zukunft zu planen, auf den Schläfenlappen, das Zentrum des Gehörs, in dem möglicherweise Erinnerungen für immer gespeichert werden, auf den Scheitellappen, der Berührungen wahrnimmt und Rauminformationen empfängt, und auf den Hinterhauptlappen, der das Sehen überwacht. Als Alternative kann man sich auf die rechte und linke Hirnhälfte und auf das *Corpus callosum* konzentrieren, das wie ein Telegrafensystem funktioniert und Botschaften zwischen den beiden Hirnhälften hin- und herschickt. Wenn man das Gehirn durch Phantasiereisen zugänglicher macht, wird das Bewußtsein einer Verbindung zwischen Gehirn, Geist und Körper verstärkt.

Übung 12

Mit dem Gehirn Freundschaft schließen

Alter: neun Jahre und darüber
Übungsdauer: fünf bis zehn Minuten

Schließt die Augen und konzentriert euch auf eure Atmung. Stellt euch dabei vor, daß euer Körper mit jedem Ausatmen entspannter wird. Gut. Konzentriert euch jetzt auf euer Gehirn, und während ihr ein-... und... ausatmet..., stellt ihr euch vor, daß euer Gehirn hinein-... und... hinausschwingt... Werdet euch der Form eures Gehirns in eurem Kopf bewußt, achtet auf sein Gewicht und seine Größe. Hebt jetzt eure Hände und bringt sie so nah wie möglich an euer Gehirn heran, auf etwa einen Zentimeter Entfernung, ohne euren Kopf dabei zu berühren. Fühlt die Wärme zwischen euren Händen und eurem Gehirn. Fühlt, wie die Energie von eurem Gehirn auf eure Handflächen strahlt. Fühlt euer Gehirn als lebenden, atmenden Organismus. Schließt Freundschaft mit eurem Gehirn. *(Pause)*

Laßt jetzt die Hände wieder fallen, aber konzentriert euch weiter auf euer Gehirn. Sendet ihm eine Botschaft, in der ihr euch für seine phantastische Arbeit bedankt, und bittet es, daß es in Zukunft jeden Tag mit noch größerem Geschick und Leistungsvermögen weiterarbeitet. Schlagt eurem Gehirn vor, daß es Heilbotschaften in euren Körper schickt, damit er besser funktioniert. *(Pause)*

Wenn ich jetzt bis fünf zähle, kommt ihr wieder ganz in euer Bewußtsein zurück. Ihr fühlt euch entspannt, hellwach und seid euch eures Gehirns stärker bewußt.

Eins... zwei... drei... vier... fünf.

Kapitel 7

Wie man sich leichter selbst ausdrückt

Kinder kennen keine Grenze ihrer Kreativität beim Schreiben, wenn sie von ihrer eigenen Phantasie inspiriert werden. Sie können in die Zukunft gehen, die Vergangenheit untersuchen und selbst Dinge erfinden, wenn sie Aufsätze schreiben. Wenn Sie eine Phantasiereise vorschlagen, bei der die Kinder Umweltprobleme lösen oder den friedlichen Ausweg aus einem Konflikt finden sollen, werden sie mit unzähligen Lösungen herausrücken. Sie werden sicher nicht mehr hören: »Ich weiß nicht, worüber ich schreiben soll.«

Kinder sind von Natur aus Geschichtenerzähler, und eine Phantasiereise öffnet die Tür zum Ausdruck bunter Träume und Visionen. Dies ist eine Möglichkeit, Tagträume arbeiten zu lassen. Das Kind erhält die Erlaubnis, während einer vorgegebenen Zeit seinen Tagträumen nachzuhängen und seine Visionen dann niederzuschreiben, aufzumalen oder durch Bewegung auszudrücken. Diese Phantasiereisen sind so wirkungsvoll für den Schreibunterricht, weil die Kinder das, was sie gerade erfahren haben, in Worten ausdrücken können.

Durch diese Übungen werden auch Kinder, die sich nicht gerne mündlich ausdrücken, angeregt, von ihren Ideen zu erzählen. Manchmal haben Kinder das Gefühl, daß sie nichts zu sagen haben oder daß andere es besser sagen können.

Eine solche Schülerin war Janine. Janine war acht Jahre alt, Linkshänderin und zögerte sehr, ihre Ideen in der Klasse vorzutragen. Wenn sie sprach, war ihre Stimme so leise, daß man sie kaum verstehen konnte. Sie hatte große Schwierigkeiten, in der Gruppe laut vorzulesen. In ihren schriftlichen Arbeiten schrieb sie viele Buchstaben falsch herum und las sie auch nicht in der richtigen Reihenfolge.

Nach einer Phantasiereise zu einem Planeten in unserer Vorstellung war sie in der Lage, sich besser mit Worten auszudrücken. Während die Kinder sich auf dem Planeten aufhielten, sollten sie sich als Forscher umsehen, untersuchen, wie das Leben sich dort abspielte, wie die unterschiedlichen Lebewesen miteinander in Verbindung traten, wie sie lebten, wie möglicherweise vorhandene Familien- und Sozialstrukturen aussahen. Die Kinder hatten zwei Minuten Zeit, sich mit geschlossenen Augen vorzustellen, was sie dort vorfanden.

Als wir unsere Übung beendet hatten, erzählte Janine folgende Geschichte:

Mein Segelboot brachte mich fast bis zu diesem weit entfernten Land, und dann mußte ich auf einen Delphin umsteigen, der mich das letzte Stück dorthin brachte. Die Wesen, die dort lebten, waren alle sehr klein, aber sie hatten große Mütter und Väter. Die kleinen Wesen sahen mich kommen und bereiteten ein großes Essen vor. Es bestand aus Wackelpudding mit verschiedenem Geschmack. Sie hatten auch orangefarbene Hallen. Vor diesen Hallen konnte man alles draußen sehen, aber man konnte nicht hineinsehen. Und dann lernte ich die Mutter und den Vater des kleinen Wesens kennen. Sie dachten, daß ich merkwürdig sei, weil ich nicht so groß wie die Mutter und der Vater war, aber auch nicht so klein wie sie. Sie gaben mir die Kleidung, die sie auch tragen.

Einen Monat später wiederholten wir dieselbe Übung. Janine besuchte wieder das Land der kleinen Leute und setzte ihr Abenteuer fort:

Heute bin ich wieder in das Land der kleinen Leute gereist. Ich beschloß, sie zu fragen, wie ihr Planet heißt, damit ich nicht immer das Land der kleinen Leute sagen müßte. Sie sagten mir, daß sie eigentlich gar keinen Namen haben und daß ich mir einen aussuchen könne. Es dauerte einige Zeit, bis ich eine Idee hatte. In der Zwischenzeit wollten sie mir ihren Frühlingsgarten zeigen. Aus dem Boden wuchsen viele kleine runde Dinger, die grünbraun waren. Neben ihnen standen kleine Gläser mit Wasser. Ich sagte: »Das sind doch keine Blumen, das sind nur kleine Bälle.« Sie nahmen einen der Bälle, tauchten ihn ins Wasser und riefen: »Rose«. Sie nahmen ihn wieder heraus, trockneten ihn und hatten eine wunderschöne Rose. Das konnten sie mit jeder Blume und mit jedem Busch so machen. Dann setzte ich mich hin, um nachzudenken, wie ich ihren Planeten nennen könnte. Ich dachte, vielleicht wäre es schön, ihnen einen Namen zu geben, der einen Sinn hat. Nun, es gab viele Blumen und Bäume, und alle waren glücklich. Ich könnte die Worte »flower« und »tree« mischen und sie »Free« nennen. Das würde einen Sinn ergeben, denn sie waren alle so frei und glücklich. Ich beschloß, das zu tun, und als ich es ihnen sagte, waren alle mit dem Namen einverstanden. Dann mußte ich wieder gehen. Es war ein wunderschönes Abenteuer.

Innerhalb von zwei Monaten konnte Janine sich sprachlich und schriftlich besser ausdrücken. Sie traute sich eher zu, ihre eigenen Bilder auszudrücken und nahm jetzt auch freier an Diskussionen in der Klasse teil. Ihre Lautstärke und ihr Tonfall änderten sich, und sie las mit klarer und sicherer Stimme vor. Beim Schreiben und Lesen verwechselte sie die Buchstaben nicht mehr.

Ich führe diese Veränderungen nicht nur auf die Übungen mit Bildvorstellungen zurück, aber es war klar, daß Janines verbaler Ausdruck sich durch diese Übungen verbesserte.

Sprachliche Fertigkeit und Lesen

Kinder lesen gern ihre eigenen Geschichten und die ihrer Klassenkameraden. Sie können auch am besten vorlesen, wenn sie etwas vor sich haben, das persönliche Bedeutung für sie hat. Nach einer Phantasiereise können Sie Ihren kleinen Kindern oder einer Klasse mit Schulanfängern vorschlagen, die Bilder, die sie in ihrer Phantasie gesehen haben, zu malen. Sie können Ihnen oder einem älteren Kind, das schreiben kann, ihre Geschichte diktieren. Anschließend lesen die Kinder ihre Geschichte laut vor. Sie werden sehen, wie stolz sie ihre eigenen Geschichten schreiben und lesen werden. Sie können den Wortschatz der Kinder weiter verbessern, indem Sie Wörter, die in den Geschichten vorkommen, aufnehmen und ihre Rechtschreibung und Aussprache üben.

Nach einer Phantasiereise zeichnete Taro, ein siebenjähriger Junge, der von seinem Lehrer als »Nicht-Leser« bezeichnet wurde, die folgende Geschichte und diktierte sie mir anschließend. Dann las er seine Geschichte laut vor der Gruppe vor und war selbst überrascht und stolz auf seine neuentdeckte Fähigkeit.

Als ich in den Spiegel sah, bemerkte ich, wie sich ein Regenbogen formte, und in dem mittleren Ring des Regenbogens befand sich ein schwarzer Streifen, der niedergedrückt wurde. Als er in die Mitte kam, verwandelte er sich in einen kleinen Punkt und verschwand langsam. Und dann erkannte ich, daß es der Punkt war, an den ich selbst nicht glaubte. Und als ich das erkannte, fühlte ich, wie ich mich vom Boden abhob und zu fliegen begann, wie die Möwe Jonathan. Dann lernte ich, meinen Körper zu kontrollieren, und ich konnte schnell und langsam fliegen und verkehrt herum. Und dann hatte ich das Gefühl, daß ich mich in einen anderen Menschen verwandelte.

Kreatives Schreiben

Nach einem starken visuellen Eindruck kann ein Kind dieses Bild mit Worten malen:

Das Ahornblatt

Von Jessica

Die Farbe des Blattes
ist wie ein orangefarbener Sonnenuntergang.
Das Blatt fühlt sich an
wie Kopfsteinpflaster.
Der Geruch des Blattes
ist der allersüßeste Geruch.
Aber der Geschmack des Blattes
ist himmlisch.

Dieses Gedicht wurde geschrieben, nachdem ich mit meiner dritten Klasse eine Phantasiereise gemacht hatte, in der ich sie Herbstblätter sinnlich erfahren ließ. Auf einer Reise an die Ostküste hatte ich Blätter der verschiedensten Art, von unterschiedlicher Farbe, Form und Größe gesammelt. Die Kinder in meiner Klasse waren in Südkalifornien aufgewachsen und hatten noch nie die wunderbaren Farben von Herbstlaub gesehen. Ohne ihnen die Blätter zu zeigen, bat ich sie, ihre Augen zu schließen und all ihre Sinne zu benutzen, um zu untersuchen, was ich ihnen jetzt in die Hand gab.

Setzt euch bequem hin und schließt die Augen. Legt eure Hände mit den Handflächen nach oben auf die Oberschenkel. Konzentriert euch auf eure Atmung. Während ihr atmet, wird euer Körper immer entspannter. *(Pause)* Stellt euch vor, daß ihr unter eurem Lieblingsbaum sitzt und ein leichter Wind zu wehen beginnt. *(Pause)* Ihr fühlt wie die Blätter vom Baum fallen. *(Lassen Sie die Blätter langsam auf die Kinder herabfallen.)* Ihr haltet eure Augen geschlossen, hebt ein Blatt hoch und haltet es in der Hand. Fühlt die Adern des Blattes und achtet auf seine Form und Größe. Stellt euch vor, welche Farbe es haben könnte. Streicht mit dem Blatt über eure Wange und achtet darauf, wie es sich anfühlt. Atmet seinen Duft ein...

Woran erinnert er euch? Stellt euch vor, wie es schmecken könnte. Wenn ihr wollt, könnt ihr aufstehen und euch wie die Blätter im Wind bewegen, wenn sie vom Baum fallen. *(Pause)* Wenn ihr fertig seid, könnt ihr langsam die Augen wieder öffnen.

Die Reaktionen auf diese Übung zeigten mir, wie wichtig es ist, beim Lernen die Sinne anzusprechen.

Ich sehe Blätter im Lufthauch tanzen;
Manche sind gelb, rot oder grün,
Manche sehen aus wie etwas, das du noch nie gesehen hast.
Mein Blatt riecht wie Eiche und ist sicher das beste.
Das Blatt riecht und fühlt sich rot an;
Seine Form erinnert mich an eine Hand.
Wenn ich es hochhalte, kann ich den Schatten der Adern sehen.

In diesem Gedicht »riecht und fühlt sich« das Blatt »rot an«. Das Kind kreuzt den Tastsinn mit dem Geruchssinn und dem Sehen. Diese Miterregung eines Sinnesorgans bei Reizung eines anderen, die man als Synästhesie bezeichnet, ist ein wirksames Mittel, um das Gedächtnis zu verbessern. Der Schüler, der dieses Gedicht geschrieben hat, verfügte über das beste Gedächtnis der ganzen Klasse und war den anderen in Mathematik um ein Jahr voraus.

Von den vielen Übungen, die ich benutzte, um das sinnliche Lernen zu verbessern, ist Übung 5, »Das Haus der Wahrnehmung« (siehe Kapitel 4), besonders gut geeignet.

Phantasiereisen sind ein ausgezeichnetes Mittel, um Charaktere in einer Geschichte von einem anderen Standpunkt aus zu entwickeln. Kinder haben eine sehr starke Beziehung zu Tieren und können sich in deren Gefühle hineindenken. Sie offenbaren sehr viel über sich selbst, wenn sie in die Rolle ihres Lieblingstieres schlüpfen. Es entstehen wunderbare Geschichten, wenn das Kind die körperlichen Eigenarten und Charakterhaltungen annimmt, auf die es in der Übung trifft. Diese Charaktere werden zu vielschichtigen Wesen, nicht zu flachen, sterotypen Karikaturen.

Nach einer Phantasiereise, in der den Schülern befohlen wurde, sich in ihr Lieblingstier zu verwandeln, schrieb ein Kind folgende Geschichte.

Ich lief einen Steinweg hinunter. Mir war sehr heiß, und ich war durstig. Mir lief das Wasser im Mund zusammen. Plötzlich sah ich einen Teich und lief schnell darauf zu. Ich rannte so schnell, daß ich noch nicht einmal merkte, wie ich auf vier Füßen lief. Meine Schnurrhaare kitzelten in meinem Gesicht. Als ich am Teich angelangt war, merkte ich bald, daß ich mich in eins meiner Lieblingstiere verwandelt hatte. In eine Katze!! Eine Katze mit langem braunem Fell.

Ich tauchte meine Pfote in den Teich und leckte sie mit der Spitze meiner rosafarbenen, rauhen Zunge. Nach einiger Zeit merkte ich, daß die Katze, in die ich mich verwandelt hatte, genau wie ich war. Mit meiner Pfote zeichnete ich das Bild einer Katze. Sogar als Katze konnte ich Katzen besser als alles andere zeichnen.

In dem Augenblick fühlte ich, daß jemand meine Pfote kitzelte. »Hallo«, sagte eine schwache Stimme. Ich sah mich überall um, konnte aber niemanden entdecken. »Schau auf den Boden«, sagte die Stimme wieder. Ich schaute hinunter und sah einen Marienkäfer. »Ich bin froh, daß mich jemand gefunden hat«, sagte der Marienkäfer. »Ich habe mich im Nebel verlaufen und brauche ein Heim. Ich möchte dein Freund sein«, sagte der Marienkäfer. Ich schließe gern Freundschaft. Das habe ich schon immer getan. Daran muß sich nichts ändern, wenn man eine Katze ist.

»Wenn ich dein Freund bin, wirst du dann auch mein Freund sein?«

»Natürlich«, sagte der Marienkäfer. »Morgen können wir einen langen Tag zusammen verbringen, Jenny«, sagte der Marienkäfer. »Ich bin ein kleiner Marienkäfer, erzählst du mir eine Gute-Nacht-Geschichte?« Das tat ich, denn ich erfinde gerne Geschichten. Als ich am Morgen aufwachte, hatte ich keine Schnurrhaare. Ich hatte kein langes, braunes Fell. Ich war wieder das normale Mädchen mit rotem Haar und Sommersprossen. Ich wußte, daß es Zeit war zu gehen. Deshalb nahm ich den Marienkäfer und kam wieder ins Klassenzimmer. – *Jenny, zehn Jahre alt*

Der Stolz auf die eigene Kultur

1981 erhielt ich die Möglichkeit, Phantasiereisen mit Kindern in fünfzig kulturell gemischten Klassen in British Columbia, Kanada, zu machen. In den Klassen wurden Kinder indianischer und nicht-indianischer Herkunft vom Kindergarten an bis zur zwölften Klasse gemeinsam unterrichtet. Die Leistungen der Indianerkinder ließen in den Fächern Lesen und Schreiben zu wünschen übrig, auch wenn es um andere

verbale Fähigkeiten ging. Ziel meiner Arbeit war, den natürlichen visuellen Sinn und das Bewegungsgefühl dieser Kinder zu verstärken.

Ich begann mit kinästhetischen Phantasiebildern. Ich schlug den Schülern vor, sich mit geschlossenen Augen vorzustellen, wie ihnen beim Basketball ein perfekter Wurf gelingt, zu sehen und zu fühlen, wie sie sich richtig bewegen. Abhängig von der Altersgruppe schlug ich sportliche Aktivitäten wie Fußball, Hockey, Volleyball, Baseball, Gymnastik, Tanzen und Seilspringen vor. Sie hatten keine Schwierigkeiten, sich vorzustellen, wie sie diese Sportarten ausübten.

Dann führte ich visuelle Bildvorstellungen ein und bat die Schüler, sich mit geschlossenen Augen vorzustellen, wie es war, als sie an diesem Morgen aufstanden. Wie sah ihre erste visuelle Erinnerung dieses Tages aus? Hatten sie bemerkt, wie die

87

Sonne durchs Fenster schien? Hatten sie ihren Bruder oder ihre Schwester gesehen, als sie aufwachten? Einige Kinder konnten von keinem Bild berichten. Sie konnten nur »schwarz« sehen. Ich schlug daher vor, daß sie die Übung wiederholten und dabei auf die ersten Klänge, Gerüche, Geschmäcker oder Gefühle achteten, die sie an diesem Morgen erfahren hatten. Jedes Kind hatte irgendein sinnlich wahrnehmbares Bild vom Aufwachen.

Mein nächster Schritt war, sie in eine Übung namens »Meine Vorfahren« einzuführen, in der sie sich vorstellen sollten, räumlich und zeitlich in das Land ihrer Vorväter zurückzugehen und dabei alles über das Leben damals zu lernen. Ich erzählte ihnen, daß sie am Ende der Übung von ihren Gefühlen in einer Zeichnung oder in einer Geschichte schriftlich oder mündlich berichten sollten. Penny Joy, eine Videoberaterin, nahm die Reaktionen der Kinder auf Videofilm auf und spielte diesen vor den Kindern ab, damit sie sich selbst sehen und sich zuhören konnten.

Das Ergebnis war beeindruckend. Die Lehrer erzählten übereinstimmend, wie überrascht sie waren, daß Schüler, die vorher still gewesen waren, ihre Gedanken plötzlich klar illustrieren, aufschreiben und artikulieren konnten. Es hatte sich ein Gefühl von Stolz gezeigt, als sich die Indianerkinder ihres kulturellen Erbes erinnerten. Die Lehrer wunderten sich, welches Vokabular und welche Bilder durch die Phantasiereise zutage traten.[1] Wir waren überzeugt davon, daß dies geschah, weil die Übung zuerst die Sinne der Kinder stimulierte und sie eine Erfahrung machen ließ, die sie dann ohne Schwierigkeiten verbal wiederholen konnten.

Anmerkung für Eltern und Lehrer

Sagen Sie Ihren Kindern, daß sie in Übung 13 soviel wie möglich über ihre Vorfahren lernen werden. Erklären Sie, daß ihre Vorfahren die Menschen sind, die mit ihnen verwandt sind und die vor langer Zeit gelebt haben. Sie sollen die Gefühle, Gedanken und Informationen aus dieser Übung dazu benutzen, einen Bericht über einen der Vorfahren zu schreiben oder ein Bild zu malen, das zeigt, wie ihre Vorfahren gelebt haben. Diese Übung ist besonders für Kinder im Alter von neun bis zwölf Jahren geeignet.

Übung 13

Meine Vorfahren

Alter: sieben Jahre und darüber
Übungsdauer: fünf Minuten
Folgezeit: zehn bis fünfzehn Minuten

Schließt die Augen und atmet tief ein, achtet dabei auf euren Atem, den ihr durch den Mund oder die Nase ein- und ausatmet, so wie es für euch am bequemsten ist. Während ihr weiteratmet, entspannt ihr die Muskeln in eurem Körper ganz.

Stellt euch jetzt vor, daß ihr in Zeit und Raum sehr schnell dorthin zurückgeht, wo eure Vorfahren lebten. Vielleicht fühlt ihr, wie ihr euch zurückbewegt, oder ihr seht, wie Lichter und Farben an euch vorbeiziehen, während ihr euch durch Raum und Zeit bewegt. Achtet auf die Umgebung, in der eure Vorfahren gelebt haben. Was tun sie? Vielleicht jagen sie, sind Bauern, gehen fischen, bauen Häuser, kochen, singen, tanzen, sind Künstler, klettern auf Berge, kümmern sich um ihre Kinder oder sorgen für ihre Tiere. Egal was sie tun, achtet genau darauf, damit ihr euch an jede Einzelheit ihres Lebens genau erinnern könnt. Was fällt euch an ihrem Aussehen auf? Wie sieht ihr Familienleben aus? Was für Arten von Tieren haben sie? Welche Farben, Gerüche und Klänge fallen euch auf?

Sucht euch jetzt einen bestimmten Menschen in der Gruppe aus. Seht ihn oder sie genau an. Achtet auf das Alter dieses Menschen, auf seine Kleidung und seinen Gesichtsausdruck. Schließt Freundschaft mit ihm und bittet ihn, euch alles zu zeigen. Lernt soviel wie möglich darüber, wie eure Vorfahren gelebt haben. Ihr habt drei Minuten Zeit, genau soviel Zeit, wie ihr braucht, um alles zu sehen.

(Nach drei Minuten) Seht euch jetzt noch ein letztes Mal um, achtet auf die Farben, die ihr seht, auf das, was ihr hört, riecht und schmeckt. Verabschiedet euch von eurem neuen Freund und kommt wieder zurück, hierher in die Gegenwart, durch Zeit und Raum und werdet euch wieder eures Körpers bewußt, während ihr hier sitzt. Ich werde bis zehn zählen. Zählt mit, wenn ich bei sechs angelangt bin, öffnet eure Augen bei zehn und erinnert euch an jede Einzelheit eures Besuches.

Eins... zwei... drei... vier... fünf... sechs... sieben... acht... neun... zehn.

Reaktionen auf »Meine Vorfahren«

Am Nass

Ich heiße Janice, und in meinem Tagtraum bin ich nach Port Hardy gegangen. Dort traf ich drei Indianer, ein Mädchen, eine Frau und einen Mann. Sie lebten in einer Hütte, die sie aus Zweigen und Holz gebaut hatten, und sie häuteten Tiere, aßen deren Fleisch und machten Kleidung aus dem Fell. Sie trugen alle Lederkleidung, und ihre Gesichter sahen alle anders aus. Ihr Haar war lang und schwarz und zu Zöpfen geflochten. Ich ging mit ihnen auf die Jagd und erlegte einen Elch und zwei Bären. Es waren Schwarzbären. Dann gingen wir fischen, und ich fing zwei große Dornenhaie und drei Lachse. Dann half ich den Leuten, aus Zweigen Häuser zu bauen. Wir haben ein großes Feuer gemacht.

Dann ging ich zum Nass (Fluß) hinunter, und auf meinem Weg dorthin sammelte ich einige Seealgen auf den Felsen, reinigte und aß sie. Als ich zum Nass ging, traf ich ein Mädchen, es hieß Naksy. Sie sagte mir, daß ihr Name »Kleine Dame« bedeutet. Sie sprach mit mir in der Indianersprache, und ich lernte, wie man sie spricht. Nach einiger Zeit besuchten wir einen Indianertanz, und ich hörte Trommeln schlagen und einige Leute ein sehr lautes Indianerlied singen. Später aßen wir etwas Fisch und Bärenfleisch und Seealgen. Dann nahmen wir alle an dem Tanz teil, sangen und gingen nach Hause. Naksy lebte in einem langen Haus. Am Morgen gingen wir an den Strand und sammelten einige Muschelschalen, aus denen wir uns Schmuck bastelten. – *Janice, elf Jahre alt*

Unsere Vorfahren

Ich war ein Rabe und bin über die Baumwipfel geflogen und sah einige Wölfe, die mein Volk angreifen wollten. Ich war ein Anführer und mußte mein Volk beschützen, deshalb stieß ich auf sie herab und riß einem von ihnen die Ohren ab. Während ich ihm nachflog, sprang mich einer der Wölfe an und biß mir ins Bein. Ich flog auf und untersuchte mein Bein, aber es war nicht so schlimm. Ich rief einige andere Raben zu Hilfe, und als sie alle da waren, stießen wir auf die Wölfe herab, und sie konnten nichts gegen uns ausrichten.

Wir stießen sie zurück und bekämpften sie, bis sie unser Land verließen. Wir sagten ihnen, daß es ihnen das nächste Mal schlimmer ergehen würde, wenn sie sich noch einmal auf unser Land wagten. Sie verschwanden alle, und wir gingen in unser Dorf zurück, und der Häuptling belohnte uns, und die Wölfe störten uns nie wieder.

Zwei Jahre später starb der Häuptling. Bevor er starb, sagte er, daß ich Häuptling werden solle, weil ich unser Dorf gerettet hatte. Er war vor Jahren so gewesen wie ich, und deshalb wünschte er, daß ich Häuptling werde. Die Leute krönten mich und beerdigten den Häuptling. Nach seinem Tod habe ich dem Dorf immer geholfen, Nahrung zu finden und zu kämpfen. – *Steven, dreizehn Jahre alt*

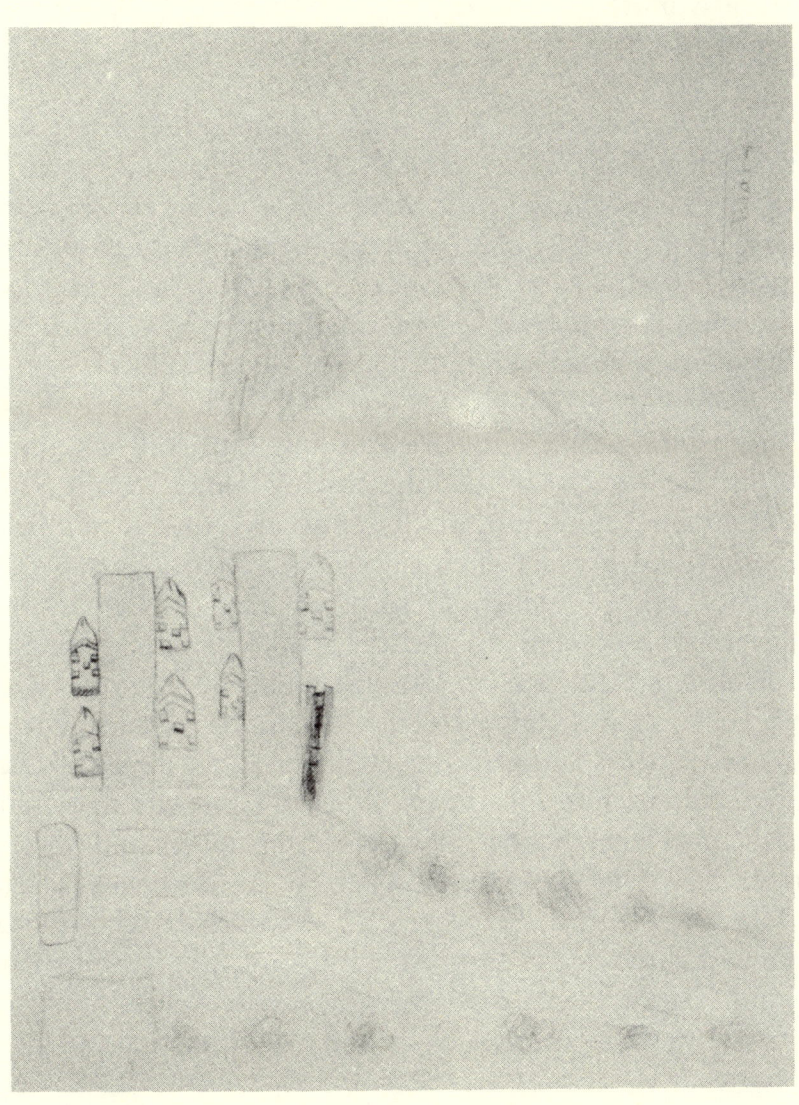

Übung 14

Mein Raumschiff

Alter: fünf bis zwölf Jahre
Übungsdauer: fünf Minuten
Folgezeit: fünfzehn Minuten

In dieser Übung übernehmt ihr die Rolle eines Reporters und bringt soviele Informationen wie möglich über den Planeten zurück, den ihr erforschen wollt. Achtet darauf, daß ihr alle eure Sinne einsetzt, um etwas über diesen Planeten oder Stern zu erfahren. Benutzt eure Augen, das Gehör, den Geruchssinn und den Tastsinn. Achtet darauf, was die Lebewesen essen, wenn es dort welche gibt. Vielleicht möchtet ihr ihre Nahrung schmecken. Achtet darauf, wie sie sich bewegen, wie sie leben, welche Spiele sie spielen und wie ihre Familien sind.

Schließt die Augen und achtet auf eure Atmung. Atmet leicht und ruhig ein... und... aus..., und stellt euch vor, daß ihr dieses Zimmer verlaßt und auf den Hof geht. Dort findet ihr ein Raumschiff, das ihr entworfen und gebaut habt. Ihr klettert in dieses Raumschiff und bereitet euch auf den Start vor. *(Pause)*

Zehn... neun... acht... sieben... sechs... fünf... vier... drei... zwei... eins... Start! Ihr erhebt euch langsam über die Wolken, ... über die Erdatmosphäre, ihr seht die Erde als Kugel unter euch, die sich immer weiter von euch entfernt. Ihr schaut aus dem Fenster eures Raumschiffes und könnt weit ins Weltall hinausblikken. Ihr sucht euch einen Planeten oder Stern aus, den ihr erforschen wollt, und steuert mit eurem Raumschiff auf ihn zu. Wenn ihr mit eurem Raumschiff landet, beschließt ihr, diesen Planeten oder Stern zu untersuchen und soviel wie möglich darüber zu erfahren, wie die Lebewesen leben, wenn dort welche existieren. Vielleicht möchtet ihr mit einem der Lebewesen Freundschaft schließen und euch von eurem neuen Freund alles zeigen lassen. Achtet darauf, wie sie miteinander sprechen, wie sie leben und wie ihr Planet oder Stern aussieht. Achtet auf den Geruch, die Klänge, darauf, wie die Dinge schmecken und wie man sich auf diesem Planeten fortbewegt. *(Pause)*

Jetzt gebe ich euch zwei Minuten Zeit. Es ist all die Zeit, die ihr braucht, um diesen Planeten zu erforschen. Wenn ihr meine Stimme wieder hört, rufe ich euch, damit ihr auf die Erde zurückkehrt. *(Zwei Minuten Pause)*

Verabschiedet euch jetzt von eurem neuen Freund, klettert in euer Raumschiff und reist zurück zur Erde. *(Pause)* Wenn ihr euch der Erde nähert, erscheint sie euch immer größer. Ihr taucht wieder in die Erdatmosphäre ein, ... fliegt wieder durch die Wolken, ...und während ihr euch der Erde nähert, könnt ihr leicht euer Haus und eure Schule erkennen. *(Pause)*

Jetzt landet ihr mit eurem Raumschiff, ... kommt wieder in dieses Zimmer... und merkt, daß ihr hier sitzt. Gleich werde ich bis fünf zählen. Wenn ihr bereit seid, könnt ihr eure Augen öffnen und euch in allen Einzelheiten daran erinnern, was ihr erlebt habt. Ihr habt dann Zeit, von eurer Reise ein Bild zu malen oder darüber zu schreiben.

Eins... zwei... drei... vier... fünf.

Reaktion auf »Mein Raumschiff«

Der leere Raum,
Der letzte Horizont ruft,
In einer Leere, in der es keine Klänge gibt;
Die Sterne leuchten mit funkelndem Glanz;
Die Strahlen der Sonne scheinen
Sich auszustrecken,
Sie geben ewiges Leben und Licht.
Neun Körper umkreisen sie auf einer Umlaufbahn,
Und andere umkreisen wieder sie,
Bis zum Ende der Zeit.

Das Weltall, die Milchstraße,
Ein leerer Raum voller Stille
Die unerklärliche Weite
Grenzenloser Möglichkeiten.
Die Sterne und die Planeten,
Symbole des Lichts,
Geben uns Macht
Und Hoffnung.
Tagsüber und auch nachts.
– *David, zwölf Jahre alt*

Übung 15

Abenteuer mit der Blumenfee

Alter: drei bis zwölf Jahre
Übungsdauer: fünf Minuten
Folgezeit: fünf bis fünfzehn Minuten

Manchmal kann man sich eine Phantasiereise ausdenken, die auf der Geschichte basiert, die ein Kind geschrieben hat. Nachdem ich die Geschichte meiner Tochter Heather, die im Anschluß an diese Übung abgedruckt ist, gelesen hatte, verwendete ich ihr Thema, um mir diese Übung über die Blumenfeen auszudenken. Diese Phantasiereise gestattet es den Kindern, sich ganz ihrem Sinn für Zauberei und Abenteuer hinzugeben.

Schließt die Augen und konzentriert euch ganz auf eure Atmung. Atmet leicht ein... und... aus... Während ihr leicht und ruhig atmet, wird euer Körper immer entspannter. Stellt euch jetzt vor, daß ihr draußen auf einer Wiese sitzt. Es ist ein wunderschöner, warmer, sonniger Tag. Ihr freut euch an all den neuen Frühlingsblumen. Ihr freut euch an ihren Farben und ihrem Duft. Plötzlich seht ihr ein kleines Wesen vor euch, das den Stiel einer hübschen, weißen Margerite hinaufklettert. Dieses kleine Wesen ist nicht größer als euer Mittelfinger. Es wendet sich euch zu und fordert euch auf mitzukommen. Ihr merkt, daß ihr selbst klein geworden seid, und ihr eilt eurer neuen Freundin nach. Jetzt habt ihr drei Minuten Zeit, um ein Abenteuer mit der Blumenfee zu erleben. Es ist all die Zeit, die ihr dazu braucht.

(Nach drei Minuten) Jetzt ist es an der Zeit, euch von eurer Freundin zu verabschieden und wieder hierher zurückzukehren. Ihr könnt euch ganz genau an euer Abenteuer erinnern. Ich werde jetzt bis zehn zählen. Zählt mit, wenn ich bei sechs angelangt bin, und öffnet die Augen, wenn wir bei zehn sind. Ihr fühlt euch dann hellwach und erfrischt.

Eins... zwei... drei... vier... fünf... sechs... sieben... acht... neun... zehn.

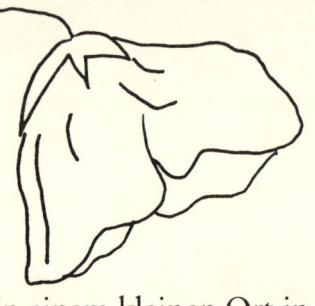

Die Blumenfeen

In einem kleinen Ort in Irland lebte ein Mädchen. Es hieß Mindy und lebte in einem hübschen, kleinen Häuschen. Draußen vor dem Haus blühten alle Arten von Blumen, die man sich vorstellen kann, und neben den Blumenbeeten verliefen gepflasterte Wege. Die Blumen blühten rund um das ganze Haus herum. Hinter den Wegen und den Blumen lag eine riesige Wiese, auf der Mindy gerne spielte. Mindy war zehn Jahre alt und hatte langes, blondes Haar. Sie lebte mit ihrer Mutter und ihrem Vater und ihrer kleinen Schwester Holly zusammen.

Eines Tages saß Mindy auf der Wiese und betrachtete die Blumen, als sie ein kleines Wesen bemerkte, das nur wenige Zentimeter groß war und kleine Flügel hatte. Es saß auf einer hübschen weißen Blume und unterhielt sich mit einem Marienkäfer. Es sagte: »Niemand spielt mit mir, Marienkäfer. Alle haben zuviel zu tun.« Mindy jagte dem Marienkäfer und dem kleinen Mädchen einen Schrecken ein, als sie sagte: »Ich spiele mit dir. Was für ein Wesen bist du eigentlich?« Das Mädchen antwortete: »Ich heiße Emily und bin eine Blumenfee.« Den ganzen restlichen Tag spielte Mindy mit Emily, und dann wurde Mindy zum Essen gerufen. Nach dem Essen las sie Holly eine Geschichte vor und schlief dann ein.

Mitten in der Nacht schien ihr ein Lichtstrahl in die Augen. Als sie erwachte, befand sie sich in einem kleinen Bett und war mit Rosenblättern zugedeckt. Mindy betrachtete sich und sah, daß sie auch Flügel hatte. Sie stand auf und sah sich um. Sie befand sich in einem kleinen Zimmer, in dem eine Treppe zu einer Tür hinaufführte. Sie stieg hinauf und klopfte an die Tür. Emily öffnete. »Guten Morgen«, sagte sie. Mindy fragte: »Warum bin ich so klein wie du?« Emily sagte: »Wir haben jetzt keine Zeit für Erklärungen. Ich möchte dich dem König und der Königin der Blumenfeen vorstellen.« Sie gingen hinaus und waren in dem Dorf mit vielen Häusern und Geschäften, die in Wirklichkeit Pilze waren. Mindy war in einem dieser Pilzhäuser aufgewacht. Mindy hatte das Dorf beim Spielen noch nie entdeckt, weil es unter den Blumen so gut versteckt war.

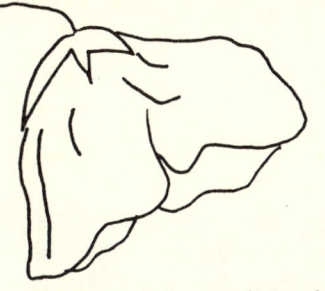
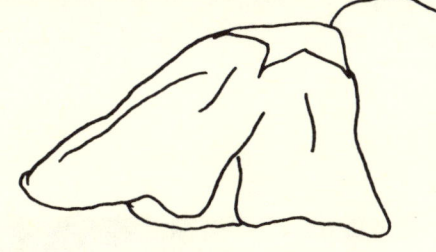

Sie machten sich auf den Weg zum Pilzpalast. Zuerst gingen sie zu Fuß, aber dann fand Mindy heraus, wie man fliegt, und sie flogen zusammen, bis sie zu einem riesengroßen Pilz kamen. Als Mindy sah, wie klein Emily im Vergleich zu dem König und der Königin war, war sie sehr erstaunt, denn sie waren etwa zehn Zentimeter groß, während Emily nur zwei bis drei Zentimeter groß war. Aber Emily war auch nicht so alt wie der König und die Königin. Der König und die Königin waren glücklich, daß Mindy jetzt auch eine Blumenfee war. Sie konnten nicht sehr lange bleiben, denn Emily wollte ihrer neuen Freundin alles zeigen. Als sie zum Dorf zurückkamen, stellte Emily ihre Freundin ihrem Vater vor, der Tom hieß, ihrer Schwester Elizabeth und ihrer Mutter Maureen. Sie alle lebten mit Emily zusammen, aber an dem Morgen waren sie nicht da gewesen.

Emily und Mindy spielten jeden Tag zusammen und hatten viel Spaß miteinander, bis Mindy eines Tages hörte, wie ihre Mutter weinte, weil sie glaubte, daß Mindy fortgelaufen sei. An den nächsten beiden Tagen hatte Mindy Heimweh und wollte wieder nach Hause gehen, aber keine der Blumenfeen wußte, wie sie wieder in ihre richtige, menschliche Größe zurückverwandelt werden konnte. Eines Tages stand Emily schon sehr früh am Morgen auf, um herauszufinden, wie Mindy wieder normalgroß werden konnte. Unterwegs traf sie ihren Freund, den Grashüpfer. »Grashüpfer, wie kann meine Freundin wieder normalgroß werden?« – »Emily, ich habe dir doch erzählt, daß du dir jeden Wunsch erfüllen lassen kannst, wenn du ihn der weißen Taubnessel erzählst.« – »Vielen Dank, Grashüpfer, auf Wiedersehen«, sagte Emily. Sie rannte den ganzen Weg zurück nach Hause, um Mindy die gute Nachricht mitzuteilen.

Als Mindy dies hörte, verabschiedete sie sich von allen und ging zu der weißen Taubnessel. Sie flüsterte: »Ich möchte gerne wieder normalgroß sein, wenn das möglich ist, schöne Blume.« Bald darauf lag Mindy wieder in ihrem bequemen Bett. Nur sie und die Blumenfeen werden sich an Mindys wunderbare Reise ins Land der Feen erinnern.
– *Heather, neun Jahre alt*

Kapitel 8

Ein positives Selbstbild

Eine der wichtigsten Nebenwirkungen der Phantasiereisen ist die Entwickung eines positiven Selbstbildes. Kinder lernen das am besten, wovon sie glauben, daß sie es können. Diese positive Haltung überträgt sich auf alles, was sie tun. Die meisten Kinder schauen auf andere, um sich ihrer Fähigkeiten zu versichern. Kinder, die sich ein Selbstbild als kreative und fähige Menschen geschaffen haben, brauchen nicht ständig Bestätigung von anderen. Sie *wissen*, daß sie es allein schaffen!

Ein Kind, das sich vorstellt, wie es eine bestimmte Fertigkeit verbessert, eine gute Arbeit schreibt oder ein neues Fach leichter erlernt, beginnt daran zu glauben, daß dies tatsächlich möglich ist. Wenn die gewünschte Fähigkeit sich verbessert oder die erstrebte Note wirklich erreicht wird, wird das Zutrauen des Kindes zu sich selbst bestärkt. Es lernt, sich selbst, seiner Fähigkeit, zu lernen, und seiner Fähigkeit, glücklich zu sein, zu vertrauen.

Wenn wir glücklich sind, optimieren wir unsere Lernfähigkeit. Aufgrund der Struktur unseres Gehirns können wir unsere Gefühlswelt nicht von unserer Lernfähigkeit trennen. Die neurologischen Bahnen zwischen der Großhirnrinde (dem kognitiven Gehirnteil) und dem limbischen System (dem Gehirnteil, das die Emotionen lenkt) sind ständig in Funktion, selbst bei Menschen, die glauben, daß ihre Handlungen allein vom Intellekt gesteuert werden. Wenn wir ein Kind also aufs Lernen vorbereiten, müssen wir es zuerst glücklich machen.

Daran wurde ich erinnert, als ich eine Phantasiereise zum Thema Selbstverständnis bei einer Gruppe von Indianerkindern aus einer siebten Klasse in British Columbia leitete. Am Ende der Übung fragte ich die Kinder, welche Fähigkeiten sie sich vorgestellt hatten und wie sie sie verbessern wollten. Ein junger Schüler stellte sich vor, daß er besser Fische fangen könne, ein anderer wollte besser malen können, ein dritter verbesserte seine Fähigkeiten in Mathematik. Ein Mädchen bemerkte am Ende der Stunde (ihre Stimme war kaum vernehmbar): »Ich habe mir nicht vorgestellt, daß ich in der Schule oder im Sport etwas besser konnte. Ich habe mir nur vorgestellt, daß ich glücklich bin.«

Ihr siebenundachtzigjähriger Großvater, ein Stammesältester und Lehrer an der Schule, war während der Übung anwesend und hörte die Antwort seiner Enkelin. Auf einer Lehrerkonferenz am Nachmittag diskutierten wir die Auswirkungen, die Phantasiebilder auf das Lernen haben. Er sagte der Gruppe, daß es für seine Enkelin das Wichtigste im Leben sei, glücklich zu sein. Manchmal sind wir so beschäftigt damit, unsere Kinder mit Wissen zu erfüllen, daß wir die wirklich bedeutsamen Dinge aus den Augen verlieren.

Streßbewältigung

Die Ansicht, daß wir am besten unter Druck arbeiten, ist nicht richtig. Jeder, der schon einmal »Prüfungsangst« erlebt hat, weiß, wie Anspannung und Streß dem Lernen und der Erinnerung an das Gelernte im Wege stehen. Eine einfache Entspannungsübung kann die Qualen, die oft mit einer schwierigen Aufgabe einhergehen, erleichtern, egal ob es sich dabei um eine Schauspielaufführung, Sprechen in der Öffentlichkeit oder eine Prüfung handelt. Das Kind kann die Kontrolle über unangenehme Angstgefühle durch Entspannung bei der Atmung und in der Muskulatur erlernen.

In einem vom Staat geförderten Projekt, das an der *Bell Hill High School* in Los Angeles durchgeführt wurde, erreichten Schüler aus der neunten Klasse, die Englisch als zweite Sprache lernten, bedeutend bessere Noten als die Kontrollgruppen.[1] Dies war das Ergebnis von Entspannungsübungen und Phantasiereisen. Kinder im Grundschulalter aus der *Main Street School* in Los Angeles erreichten über einen Zeitraum von drei Jahren bei Standardtests bedeutend bessere Noten als die Kontrollgruppen.[2] Dies war ebenfalls auf Entspannungsübungen und Phantasiereisen zurückzuführen. Sie stellten sich vor, daß sie entspannte, erfolgreiche Schüler waren, und konnten so schneller lernen und das Gelernte besser behalten.

In der Klasse oder zu Hause kann eine kurze Entspannungsübung besonders wirkungsvoll sein, wenn es um die Lösung von Problemen im zwischenmenschlichen Bereich geht. Kinder, aber auch Erwachsene, sind danach entspannt genug, um über verletzte Gefühle auf produktive Weise sprechen zu können. Sie lernen, ihre eigenen negativen Gefühle zu identifizieren und zu erklären, wie das negative Verhalten anderer sie berührt. Auch die Lösungen werden viel kreativer.

Das folgende Gespräch fand zwischen zwei Kindergartenkindern statt. Die Mädchen gehörten einer Dreiergruppe an, in der die Kinder sich laufend gegenseitig beeinflußten. Wir machten eine kurze Entspannungsübung, bevor wir das anstehende Problem diskutierten. Sicherlich werden Sie mit mir darin übereinstimmen, daß diese Unterhaltung zwischen zwei Fünfjährigen auf einem ungewöhnlich reifen Niveau stattfindet.

Julianna: Anya, du hast mir wirklich weh getan, als ich draußen nicht mit dir und Jennifer und Michelle spielen durfte.

Anya: Ich wollte dir nicht weh tun, aber ich wollte eben nicht mit dir spielen.

Julianna: Aber du hast doch gesagt, daß ich mit euch spielen könnte, als wir nach draußen gingen, und ich kam mir richtig ausgeschlossen vor.

Anya: Daran habe ich nicht gedacht. Du kannst mittags mit uns spielen.[3]

Einen Verbündeten finden

Kinder haben oft das Verlangen nach einem persönlichen Vertrauten, einem Menschen, dem sie von ihren Freuden und ihrem Leid erzählen können, jemand, der für sie eintritt und ihnen Ratschläge erteilt, wenn die Zukunft dunkel erscheint. Dieser Vertraute kann ein Großvater oder eine Großmutter sein, ein guter Freund, ein Haustier oder ein Kuscheltier. Vielleicht schafft sich das Kind auch einen Freund in seiner Phantasie. Dieser Phantasiefreund kann viele verschiedene Formen annehmen: Er kann eine Eule sein, ein Lieblingsbaum, eine religiöse Figur oder Sagengestalt. Kinder können durch wiederholte Phantasiereisen eine ganz besondere Beziehung zu diesem inneren Verbündeten aufbauen. Der Freund im Innern gewinnt ihr Vertrauen und zeigt ihnen die verschiedenen

Seiten ihres Ichs

Ich habe die Phantasiereise »Freund im Innern« mit Menschen aller Altersgruppen gemacht, angefangen bei siebenjährigen Kindern bis hin zu Siebzigjährigen. Der

Verbündete verändert während der Übung bisweilen seine Form. Ein zwölfjähriger Junge erzählte, daß sein Freund zuerst wie ein großer Granitstein am Flußufer aussah. Als er neben dem Stein saß, trat plötzlich ein großer Saurier aus ihm hervor. Diese prähistorische Figur gab ihm ein Gefühl von Stärke. Die Formveränderung zeigte ihm, daß man sein ganzes Leben hindurch Formen und Ziele verändert.

Ich machte diese Übung nicht nur mit Schulklassen, sondern auch in einem Workshop mit Kindern unter dem Titel »Die Reise des Helden«. In dem Seminar werden Kinder ermutigt, ihre körperlichen, geistigen und seelischen Fähigkeiten im täglichen Leben einzusetzen. Sie lernen, die Qualitäten ihres Vertrauten in sich selbst zu identifizieren, zum Beispiel Mut und Neugier, und Freunde, Familienmitglieder und sogar Feinde als Verbündete zu erkennen. Sie lernen, daß man auch sportliche Begabung, künstlerische Fähigkeiten und gute schulische Leistungen als Verbündete betrachten kann. Sie erkennen, daß man selbst Fehler als Verbündete sehen kann, da man aus ihnen lernen und sich über sie erheben kann.

Sich selbst annehmen

Eine weitere Methode, einem Kind zu helfen, sich selbst besser zu verstehen, besteht darin, daß man seine Ängste, Fähigkeiten, Träume und Wünsche identifiziert. Es ist sehr wichtig, daß Kinder sich ihrer besonderen Begabungen, Talente und Fähigkeiten bewußt werden und daß sie in der Lage sind, ihre Ängste und Phantasien auszudrükken. Zu den wohl wichtigsten Dingen, die Eltern und Lehrer Kindern vermitteln können, gehört die Fähigkeit, sich selbst anzunehmen. Wenn ein Kind lernt, sich selbst voll und ganz zu akzeptieren, mit all seinen Stärken und Schwächen, wird es eher in der Lage sein, sich selbst zu verstehen. Wenn man lernt, sich selbst zu akzeptieren, ist es einfacher; auch andere zu akzeptieren.

Ein »Machtschild« ist ein ausgezeichnetes Hilfsmittel für Kinder, um ihre einzigartigen Fähigkeiten und Qualitäten zu identifizieren – ihre persönliche Macht und deren Bedeutung. Macht bedeutet mehr als nur Kraft oder körperliche Stärke. Macht kann angewendet werden, um etwas zu schaffen oder zu zerstören. Es ist wichtig, den sanften Rhythmus und das Gleichgewicht der eigenen Macht zu verstehen.

Völker vieler verschiedener Kulturen haben Schilde benutzt, um verschiedene Aspekte ihrer Familien oder Stämme darzustellen. Diese Schilde sind mit Symbolen für besondere Fähigkeiten, geographische Ort mit Tiertotems und Familien- oder Eigennamen verziert.

Ein Machtschild ist ähnlich. Die Kinder zeichnen darauf Symbole oder Bilder, die ihre Fähigkeiten, Ängste, Träume und Wünsche darstellen. Sie werden Fähigkeiten wählen, auf die sie besonders stolz sind, oder eine bestimmte Fähigkeit, die noch verbessert werden muß. Die Ängste können ein bestimmtes Hindernis darstellen, vor dem sie zur Zeit stehen, oder eine wiederkehrende Angst aus ihren Träumen. Für Kinder ist es eine große Erleichterung, wiederholt auftretende Träume symbolisch darzustellen. Träume offenbaren oft auch Zukunftsphantasien. Wünsche haben ein breites Spektrum, es können materielle Wünsche sein, wie zum Beispiel ein neues Fahrrad oder Rollschuhe, aber auch kreative Absichten, zum Beispiel der Wunsch, gut und ausdauernd schwimmen zu können. Dieser Schild zeigt auf sehr wirkungsvolle Weise, wie ein Kind sich selbst sieht.

Übung 16

Der Freund im Innern

Alter: fünf Jahre und älter
Übungsdauer: fünf bis zehn Minuten
Folgezeit: fünfzehn Minuten

Schließt die Augen und konzentriert euch darauf, wie ihr durch die Nase einatmet... und... ausatmet. Atmet weiter, wie es für euch bequem ist und stellt euch vor, daß ihr in einem ganz dichten Wald seid. Um euch herum sind wunderschöne, grüne Bäume, und ihr lauft einen Weg entlang, weil ihr in der Ferne Wasser rauschen hört. Ihr kommt an einen kleinen Bach, lauft ans Ufer und betrachtet euer Bild im Wasser. *(Pause)*

Nach kurzer Zeit spürt ihr, daß jemand neben euch steht, und ihr fühlt euch ganz sicher. Ihr seht, wie neben eurem Bild im Wasser noch ein weiteres Bild erscheint. Dieses Wesen kann ein alter, weiser Mensch sein, ein Tier oder eine Phantasiegestalt, die euer Verbündeter ist, jemand, den ihr schon seit langer Zeit kennt und dem ihr ganz vertrauen könnt. Euer Freund gibt euch ein Zeichen, ihm über eine kleine Brücke, die über den Bach führt, zu folgen. Ihr geht ihm nach und steigt einen Hügel hinauf, der zu einer Höhle führt. Euer Freund betritt die Höhle, setzt sich hin und deutet mit den Händen an, daß ihr ihm folgen sollt. Ihr betretet die Höhle und setzt euch ebenfalls hin, und euer Freund beginnt, von sich zu erzählen. *(Eine Minute Pause)*

Vielleicht möchtet ihr eurem Freund eine ganz bestimmte Frage stellen. Dazu habt ihr jetzt Zeit. Bei der Antwort hört ihr ganz genau zu. *(Eine Minute Pause)*

Euer Freund sagt euch, daß ihr ihn jederzeit wieder aufsuchen könnt. Er wird immer für euch da sein, um euch bei allem, was ihr auf dem Herzen habt, zu helfen. Ihr bedankt euch bei eurem Freund, geht den Weg wieder zurück, lauft über die Brücke und betrachtet euch noch einmal im Wasser. Achtet darauf, wie ihr euch fühlt, während ihr den Weg entlanggeht, aus dem Wald heraus. Ihr merkt, daß ihr wieder hier in der Gegenwart seid. Zählt leise für euch bis drei und öffnet langsam die Augen.

Reaktionen auf die Übung »Der Freund im Innern«

Mein Indianer ist mehrmals in den letzten Jahren zu mir gekommen. Er war besonders häufig da, seit ich nach Los Angeles gezogen bin. Er spricht nie zu mir in Worten, aber ich kann seine Gedanken hören. Er gibt mir Ratschläge und sagt mir, was ich tun soll, wenn ich mich verloren oder verwirrt fühle. Meine Mutter hat mich auf die Idee gebracht. Manchmal tun wir im Geist gar nichts. Wir sitzen dann nur zusammen da und rauchen eine Pfeife. Meistens beobachte ich, wie er verschiedene Dinge tut und seine Gedanken auf mich überträgt. Manchmal stelle ich ihn mir nicht einmal bildlich vor oder denke nicht an ihn, aber er hilft mir, meine Gefühle und Handlungen vernünftig zu erklären und zu verstehen. Er ist ein sehr einfacher Mensch und hält sich immer in der Nähe eines Zeltes auf. Er trägt Mokassins und eine Hose aus Leder und ein Hemd. Er hat lange, schwarze Zöpfe und trägt ein Stirnband aus Leder, das mit Perlen verziert ist. Er trägt eine einfache Perlenkette aus braunen, weißen, blauen und schwarzen Perlen um den Hals. Seine Mokassins sind ebenfalls mit Perlen verziert. Er sieht immer sehr friedlich aus. – *Bekki, 16 Jahre*

Anmerkung für Eltern und Lehrer

Vor der nächsten Übung sollten Sie zunächst erklären, was ein Machtschild ist und dann ausreichendes Material für jedes Kind bereitlegen, damit es sich seinen eigenen Machtschild basteln kann. Der Schild kann eine runde oder wappenähnliche Form haben, aber vielleicht haben die Kinder noch kreativere Lösungen. Wenn Sie sich für einen Kreis entscheiden, sollten Sie starkes Papier wählen und vorher einen Kreis mit einem Durchmesser von etwa dreißig Zentimetern aufzeichnen. Kleineren Kindern kann man beim Ausschneiden des Kreises oder Wappes helfen. Als Bastel- und Zeichenmaterial kann man Leuchtstifte, Wasserfarben, Wachsmalstifte, Schleifen, Wolle, Glitzersteine und andere Dinge verwenden, die dem Kind etwas bedeuten. Diese Übung und die anschließende künstlerische Arbeit ist bei Kindern im Alter von acht bis sechzehn Jahren beliebt. Sie sollten genug Zeit für diese Übung ansetzen.

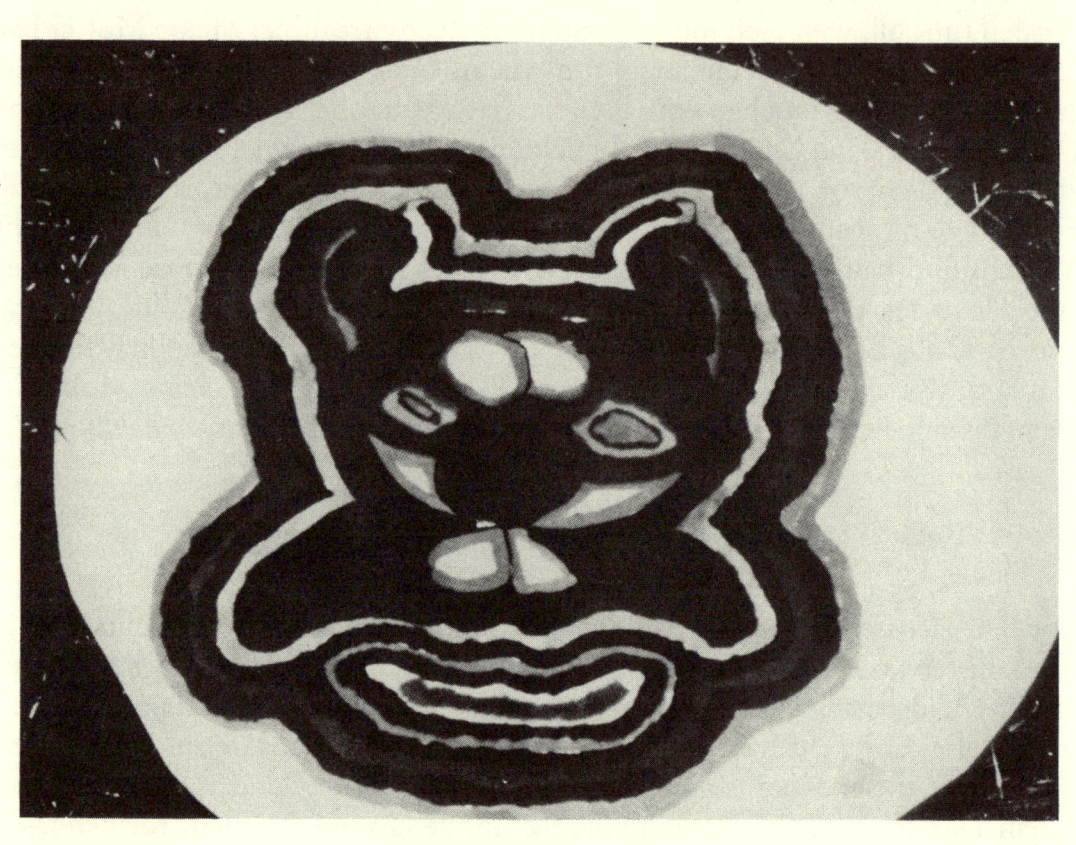

Übung 17

Der Machtschild

Alter: acht bis siebzehn Jahre
Übungsdauer: fünf bis zehn Minuten
Folgezeit: fünfzehn bis dreißig Minuten

Schließt die Augen und setzt euch bequem hin. Atmet langsam durch die Nase ein, ... haltet den Atem an... und atmet wieder aus. *(Dreimal wiederholen)* Atmet jetzt weiter, wie es für euch bequem ist, und konzentriert euch auf einen Punkt in der Mitte eurer Stirn zwischen euren geschlossenen Augen. Stellt euch an dieser Stelle einen Kreis vor, der mit jedem Atemzug, den ihr macht, langsam größer wird. Während ihr weiteratmet, wächst dieser Kreis immer weiter und wird größer und größer, bis ihr und der Kreis eins seid.

Jetzt könnt ihr euch eure Träume vorstellen, sie sehen oder fühlen. Vielleicht treten Symbole auf, die für Träume aus der Vergangenheit stehen, oder ihr habt Tagträume über künstlerische oder musikalische Fähigkeiten, die in der Zukunft liegen, oder ihr stellt euch vor, wie ihr euch euren Freunden, eurer Familie oder der Natur gegenüber verhaltet. – Ihr könnt an alles denken, bei dem ihr ein gutes Gefühl habt. *(Eine Minute Pause)*

Jetzt seht oder fühlt ihr die Ängste, die ihr habt. Egal ob es große oder kleine Ängste sind, ihr seid in völliger Sicherheit. Es können Hindernisse sein, denen ihr zur Zeit in eurem Leben gegenübersteht, und vielleicht fällt euch eine unerwartete Lösung ein. *(Eine Minute Pause)*

Jetzt könnt ihr euch eure Träume vorstellen, sie sehen oder fühlen. Vielleicht treten Symbole auf, die für Träume aus der Vergangenheit stehen, oder ihr habt Tagträume über Ereignisse in der Zukunft. Ihr seid wieder in völliger Sicherheit und lernt von den Bildern, die ihr vor euch seht. *(Eine Minute Pause)*

Und zum Schluß seht ihr Bilder, die eure Wünsche darstellen. Diese Wünsche können sich auf Dinge beziehen, die ihr haben wollt, oder auf etwas, was ihr sein wollt. Was immer ihr euch wünscht, es soll für euch und für den Planeten heilsam sein. *(Eine Minute Pause)*

Gleich werde ich bis zehn zählen und euch bitten, laut mitzuzählen, wenn ich bei sechs angelangt bin. Bitte, öffnet eure Augen bei der Zahl zehn. Ihr werdet dann hellwach und erfrischt sein und könnt euch an all die Symbole erinnern, die eure Fähigkeiten, Ängste, Träume und Wünsche darstellen. Mit ihnen könnt ihr euren ganz eigenen Machtschild anfertigen.

Eins... zwei... drei... vier... fünf... sechs... sieben... acht... neun... zehn.

Anmerkung für Eltern und Lehrer

Ziel der Übungen 18 und 19 – »Ich als Roboter« und »Mandala« – ist es, den Unterschied zu zeigen zwischen automatischem Funktionieren, wie ein Roboter oder eine Maschine, und harmonischem Handeln im Einklang mit sich und dem Universum.[4] Legen Sie genügend Papier, Leuchtstifte, Wachsmalkreiden oder Wasserfarben bereit, damit die Kinder anschließend den Roboter und das Mandala aufzeichnen können.

Erklären Sie die Bedeutung des Mandalas vor der entsprechenden Übung. Ein Mandala ist ein kreisförmiges Zeichen, das aus einem Mittelpunkt heraus entsteht, so wie das Leben aus einer Zelle wächst oder eine Pflanze aus einem Samen. Der Punkt ist der Anfang des Mandalas, genau wie er der Anfang und Ursprung allen Lebens ist. Dieser Mittelpunkt existiert in allen Formen – in einer Zelle, einer Schneeflocke, der Sonne, der Erde und im Menschen. Wir zeichnen das Mandala immer von der Mitte aus. Ein ausgezeichnetes Hilfsmittel ist *Das große Mandala-Buch* von José und Miriam Argüelles.

Als musikalische Untermalung dieser Phantasiereise und während des Mandala-Malens ist Pachebels Kanon in D-dur geeignet.

Übung 18

Ich als Roboter

Alter: acht Jahre und darüber
Übungsdauer: fünf Minuten
Folgezeit: fünfzehn bis zwanzig Minuten

Schließt die Augen und konzentriert euch auf eure Atmung. Atmet dreimal tief ein und befreit euren Körper beim Ausatmen von allen Spannungen. *(Pause)*

Erinnert euch jetzt an Zeiten, in denen ihr euch wie eine Maschine oder ein Roboter gefühlt habt – Zeiten, in denen ihr automatisch funktioniert habt und den Befehlen anderer gefolgt seid. Erlebt dieses Gefühl in eurem Körper. Was für ein Gefühl ist das? Wie sehen die Erfordernisse und die Gewohnheiten in eurem Leben aus, die eure persönliche Freiheit beeinträchtigen? Wann fühlt ihr euch wie ein Roboter? *(Eine Minute Pause)*

Gleich werde ich euch einen großen Bogen Papier geben, und ihr habt zwanzig Minuten Zeit, euch als Roboter mit Stiften, Wachsmalkreiden oder Leuchtstiften zu zeichnen. Öffnet jetzt langsam die Augen. Vielleicht möchtet ihr zuerst den Umriß eines Roboters zeichnen und ihn mit Bildern oder Worten ausmalen, die eure Gewohnheiten darstellen und zeigen, wie sie eure Freiheit beeinträchtigen.

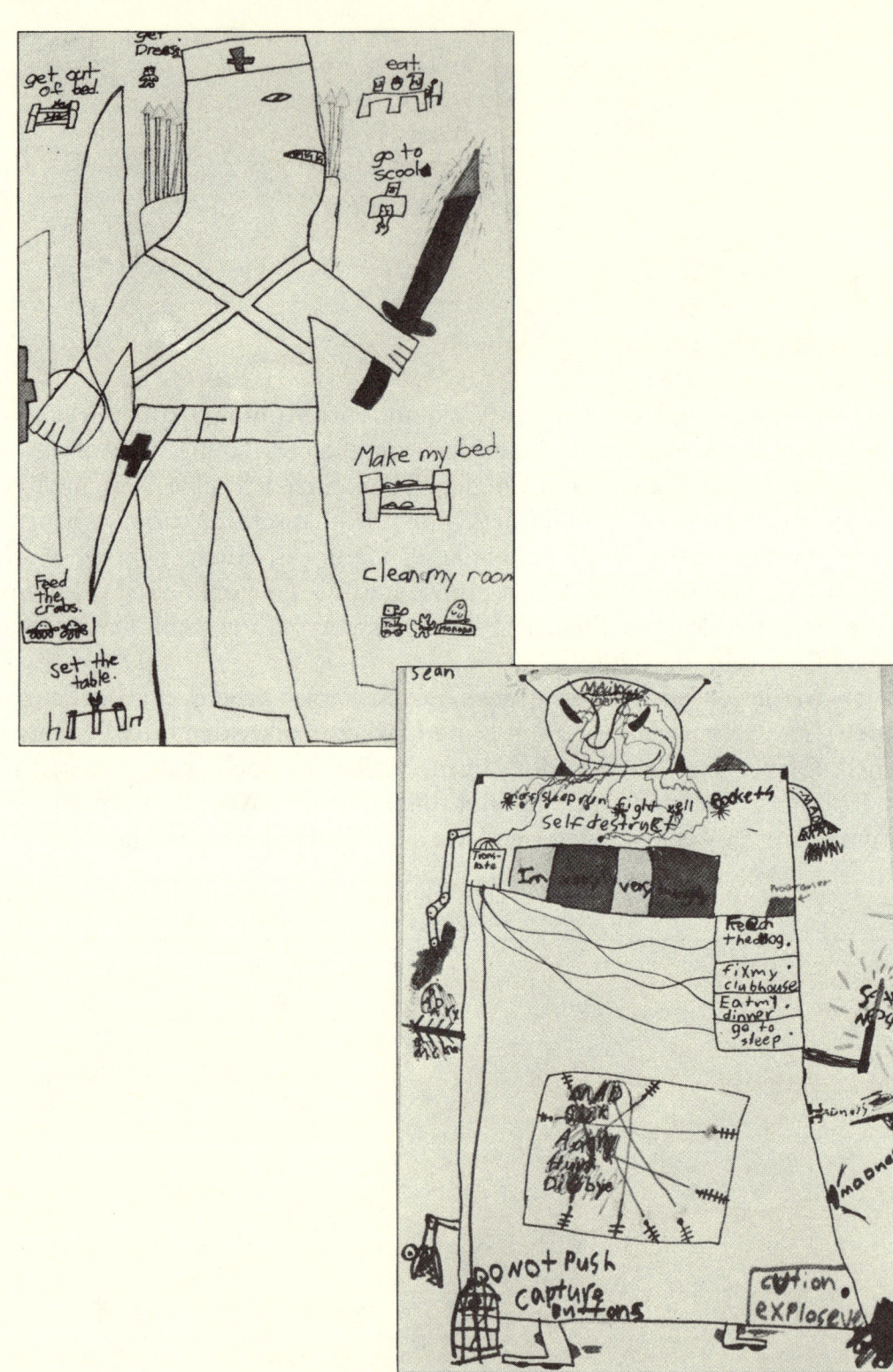

Übung 19

Mandala

Alter: acht Jahre und darüber
Übungsdauer: fünf Minuten
Folgezeit: zwanzig bis dreißig Minuten

Schließt die Augen und atmet langsam durch die Nase ein. Atmet jetzt dreimal ganz tief ein und laßt alle Anspannungen aus eurem Körper, wenn ihr ausatmet. *(Pause)* Gut. Atmet jetzt ruhig weiter, wie es für euch bequem ist, und konzentriert eure Aufmerksamkeit auf einen Punkt in der Mitte eurer Stirn zwischen euren geschlossenen Augen. Stellt euch an dieser Stelle einen Kreis vor, der mit jedem Atemzug, den ihr macht, langsam größer wird. Während ihr atmet, wächst dieser Kreis immer weiter und wird größer und größer, bis ihr und der Kreis eins seid. *(Pause)*

Euer Kreis wächst weiter, bis er jeden in diesem Raum einschließt. *(Pause)* Während ihr weiteratmet, wird euer Kreis größer und größer und schließt all eure Freunde, eure Familie und schließlich das ganze Universum ein. Mit jedem Atemzug, den ihr macht, seid ihr und das Universum eins, in eurer Energie, eurem Geist und eurer Liebe. *(Pause)* Atmet weiter in eurem Kreis und stellt euch vor, daß ihr das Mandala seid, der Mittelpunkt des Universums und gleichzeitig das Universum selbst. *(Eine Minute Pause)*

Wenn ihr bereit seid, und nur dann, zählt leise für euch bis fünf und öffnet langsam eure Augen. Ihr werdet euch eures Körpers und der anderen Menschen um euch herum bewußt. Nehmt ein rundes Blatt Papier, sucht euch einen Platz im Zimmer, macht es euch bequem und benutzt die verschiedenen Farbstifte, um ein Mandala zu zeichnen. Bewahrt euch dabei das Gefühl, daß ihr eins seid mit dem Universum, während ihr zeichnet.

Kinder zeichnen sich gerne als Roboter, und die Ergebnisse sind recht bestürzend. Zeitdruck gibt es nicht nur in der Erwachsenenwelt. In Kinderzeichnungen tauchen häufig Bilder von Weckern auf oder Kinder, die zur Bushaltestelle oder zum Parkplatz rennen. Bilder wie »ein Verkehrsstau auf dem Weg zu einem Freund«, »nicht fertig zu sein, wenn man losgehen muß«, »nicht genug Zeit für die Hausaufgaben« und »nie die Zeit haben, man selbst zu sein« treten immer wieder auf.

Kinder drücken ihre Zwänge anschaulich aus: »Wenn ich meinen Hund/meine Katze/meinen Vogel/meine Krebse/meine kleine Schwester füttern muß...aufstehen muß... ins Bett gehen muß... den Tisch decken muß... mich waschen muß... mein Zimmer aufräumen muß... still sein muß... den Müll rausbringen muß... Klavier üben muß... zur Schule gehen muß... meine Zähne putzen muß... zum Friseur muß... in die Badewanne muß... hinter meinem kleinen Bruder herräumen muß...«

Am zweithäufigsten sind die Verbote: »Mach dich nicht schmutzig... bleib nicht so lange draußen... schau nicht immer nur fern... mach dein Zimmer nicht so unordentlich... streite dich nicht immer mit deiner Mutter/Schwester/deinem Bruder.« Andere Dinge, die oft gezeichnet werden, sind Gefühle von Frustration aufgrund von Krankheit, schlechten sportlichen Leistungen, Geldmangel, vergessenen Hausaufgaben oder Ängste, daß die Eltern weggehen oder sterben könnten. Ältere Kinder und Jugendliche zeichnen oft Bilder, die den Kummer über den eigenen Körper ausdrücken und die Bedrohung durch Atomwaffen, Angriffe von Straßenbanden oder den Druck von Gleichaltrigen, Drogen und Alkohol zu nehmen oder sexuell aktiv zu sein. Das Leben ist heute für Kinder sehr vielschichtig, und Eltern und Lehrer sollten dies immer bedenken.

Kapitel 9

Innere und äußere Harmonie

Wenn ich weiß, daß wir, du und ich, eins sind, daß wir nicht voneinander getrennt sind und daß ich nicht nur der Hüter meines Bruders bin, sondern auch mein Bruder selbst, dann werde ich dich so behandeln, wie mich selbst – mit Sorgfalt.
Lawrence LeShan[1]

Wenn ich vor Eltern oder Lehrergruppen eine Rede halte, werde ich manchmal gefragt: »Sind Phantasiereisen nicht ein egoistisches Sichzurückziehen? Lehren Sie die Kinder nicht, sich in ihren Phantasien zu verstecken und den Realitäten des Lebens aus dem Weg zu gehen?«

Die Antwort darauf lautet nein. Wenn Kinder und ihre Familien oder Klassenkameraden zusammen lernen, ihr Bewußtsein zu erweitern, Emotionen zu besänftigen und ihr inneres und äußeres Wesen durch Entspannungsübungen und Phantasiereisen ins Gleichgewicht zu bringen, ist das Ich wahrscheinlich eher *konzentriert* als selbstzentriert. Dieses in sich ruhende Ich zeigt Eigenschaften wie Respekt und Liebe, sich selbst und anderen gegenüber.

Einheit der Gruppe

Nach einer Phantasiereise in einer Gruppe bin ich immer wieder überrascht, wenn ein Kind sagt: »Ich hatte das Gefühl, daß ich mit allen anderen eins war.« Dies könnten die Worte eines Fünf-, Neun- oder Vierzehnjährigen sein, egal ob er aus der Mittelklasse stammt, in der Stadt wohnt, in einem Slum oder auf dem Land. Es sind nicht meine Worte oder etwas, was ich den Kindern einrede. Es sind die spontanen Worte eines Kindes, das sein »Gefühl« furchtlos ausspricht.

Wenn ein Kind die Reaktion eines anderen Kindes auf die Phantasiereisen hört, beginnt es, seine eigenen inneren Erfahrungen mit denen des anderen zu vergleichen. Es erkennt, daß seine eigenen Gefühle, Träume, Ängste und Wünsche denen anderer Menschen in Wirklichkeit stark ähneln. Andere Kinder drücken sie vielleicht anders aus, aber sie sind nicht abgetrennt oder isoliert. Dies trägt zu einem Gefühl von Gruppeneinheit bei.

Am stärksten erlebte ich die Wirkung von Phantasiereisen auf den Zusammenhalt einer Gruppe in einer dritten Klasse. Ich hatte diese Kinder bereits im Kindergartenalter unterrichtet, und wie wir es schon im Kindergarten getan hatten, begannen wir jeden Schultag in der dritten Klasse mit einer kurzen Konzentrationsübung. Im weiteren Verlauf des Schuljahres bemerkten meine Assistentin Donna und ich einen Grad von Gruppenbewußtsein, der für Schüler der dritten Klasse eigentlich ungewöhnlich ist.

Normalerweise bilden Schüler dieser Altersstufe Cliquen. Es gibt häufig Dreiergruppen, und Freundschaften werden nicht leicht mit anderen geteilt. Kinder in diesem Alter wollen ihre Unabhängigkeit und Individualität beweisen, und Jungen spielen *niemals* mit Mädchen.

Was wir in dieser Klasse beobachteten, war genau das Gegenteil. Es gab nur wenige Cliquen, und Jungen und Mädchen spielten miteinander. Beim Mittagessen saßen meistens fünfzehn Kinder zusammen statt der üblichen Gruppen von zwei oder vier Kindern wie in den anderen Klassen. Von anderen Lehrern hörte ich, daß dies die Gruppe in der Schule sei, die am stärksten zusammenhielt. Wir beobachteten auch eine sehr starke Fürsorge füreinander, die sich aufgrund der Krankheit ihres Klassenkameraden Sean entwickelte.

Die heilende Kraft der Liebe

Ich kannte Sean aus dem Kindergarten als einen immer gut aufgelegten, lustigen Jungen mit weißblonden Haaren, der immer ein Lächeln im Gesicht und ein Lied auf den Lippen hatte. Er schimpfte ganz normal über seine jüngere Schwester, aber er schien die natürliche Fähigkeit zu besitzen, eine negative Situation in eine positive zu verwandeln.

In den Sommerferien zwischen der zweiten und dritten Klasse erfuhren Sean und seine Familie, daß er einen Knochentumor am Kreuzbein hatte, der auf den Ischiasnerv drückte und furchtbare Schmerzen verursachte. Als Sean im September wieder zur Schule kam, hatte er sich stark verändert. Er war nicht mehr der Junge, den ich kannte. Er war ängstlich und böse über seine Krankheit, da er nicht wußte, ob er je geheilt werden würde, und merkte, daß er jetzt anders als die anderen Kinder war. Er konnte nicht mehr an körperlichen Aktivitäten teilnehmen und wußte nicht, wie die anderen ihn nun behandeln würden. Oft war er müde und hatte keine rechte Lust, seine Aufgaben in der Schule zu erledigen.

Er machte sich Gedanken darüber, daß er anders war, aber er sagte, daß er keine besondere Behandlung wolle, nur unsere Unterstützung. Dies sagte er an einem Morgen während unserer stillen Zeit vor der Klasse, und alle Kinder begannen, ihre Gefühle über seine Krankheit miteinander zu teilen. Auch sie hatten Angst. Bisher hatten sie nicht geglaubt, daß Kinder ernsthaft krank werden könnten, und für viele von ihnen war es das erste Mal, daß sie an die Möglichkeit dachten, daß auch Kinder sterben können. Sie waren traurig, daß ihr Freund Schmerzen erleiden mußte.

Die Kinder schlugen spontan vor, daß wir während unserer Meditationszeit unsere Liebe und Energie an Sean senden sollten. Das taten wir, wenn er in der Schule war, und auch, wenn er sich zur Bestrahlung im Krankenhaus aufhielt. Wir stellten uns vor, wie Sean im Krankenhaus unsere Liebe und Unterstützung empfing. Als er wieder in die Klasse zurückkehrte, erzählte er uns, wie er unser Bild vor seinem geistigen Auge gehabt hatte und wie dadurch seine Schmerzen und seine Angst verschwanden.

Etwa um diese Zeit hörte ich zum ersten Mal von Dr. Gerald G. Jampolsky vom *Center for Attitudinal Healing*. Er erklärte, wie man Phantasiereisen benutzen kann, um das Leid von Kindern zu erleichtern, die sich aufgrund ihrer eigenen Erkrankung oder der eines Geschwisterkindes mit dem Tod auseinandersetzen müssen. Er beschrieb, wie man Liebe einsetzen kann, damit diese Kinder ihre Angst verlieren und sich von den schlechten Gefühlen, die sie erfahren, lösen können. Er zeigte auch auf, wie wir durch Liebe eine geistige Verbindung herstellen können. Ich erkannte, daß die Kinder in meiner Klasse genau dies getan hatten, als sie ihre Liebe an Sean sandten.

Die Kinder aus dem Zentrum, die Dr. Jampolsky begleitet hatten, erzählten von ihren eigenen Erfahrungen: von ihrem Zorn, ihrer Krankheit, ihrer Angst vor dem Tod und vom Akzeptieren des Todes.

Sie schrieben ein Buch über ihre Erfahrungen, um anderen Kindern, die ebenfalls an einer schweren Krankheit leiden, damit zu helfen. Dieses Buch mit dem Titel *There is a Rainbow behind Every Cloud*, enthält ihre Geschichten und Zeichnungen und nennt die Mittel, die die Kinder einsetzten, um mit ihrer Krankheit fertigzuwer-

Ich werfe alle meine schlechten Gefühle und meine
Wut und Traurigkeit in den Abfall und die Ballons nehmen sie
fort.

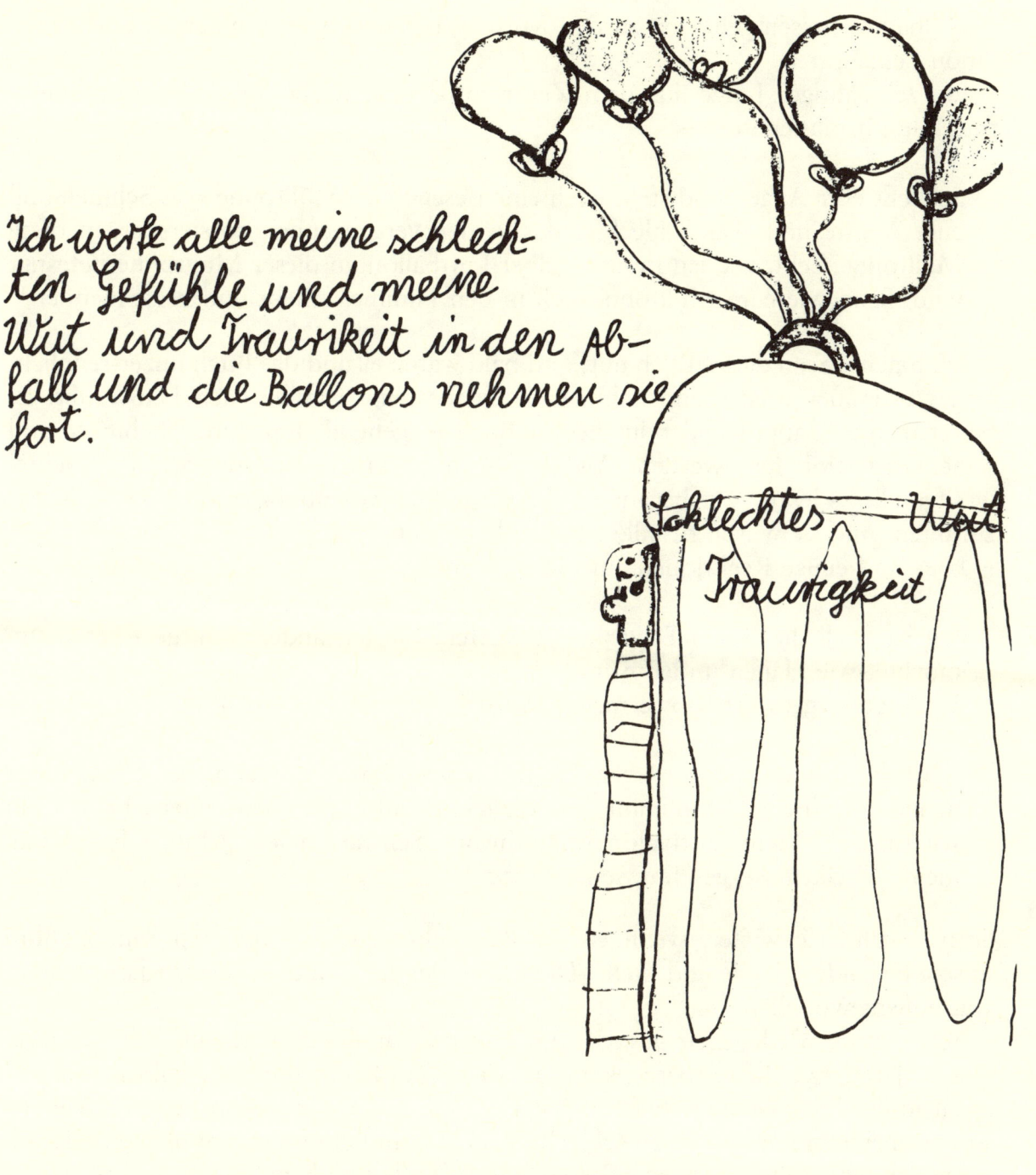

den. Phantasiereisen gehörten zu den Mitteln, mit denen sie Schmerzen und Frustration bekämpften.

Ein zehnjähriger Junge aus dem Zentrum, der an Krebs litt, führte uns durch folgende Phantasiereise:

Schließt eure Augen und stellt euch eine riesengroße Mülltonne vor. Schmeißt all eure Ängste und alles Schlechte, das in der Vergangenheit passiert ist, in diese Mülltonne. Seht, wie ein riesiger gelber Luftballon an dieser Mülltonne befestigt wird. Seht, wie eure Mülltonne sich in den Himmel erhebt und verschwindet.[2]

Ich brachte Sean dieses Buch mit, und bald waren er und das Buch unzertrennlich. Er las es immer wieder und nahm es auch für seine Familie nach Hause mit. Er benutzte die Phantasiebilder in diesem Buch eingehend, um seinen Schmerz und seine Frustration loszuwerden. Als er das Buch wieder mit zur Schule brachte, wollten alle es lesen. Wir begannen, die obige Phantasieübung in der Klasse durchzuführen, und sie wurde für alle zur Lieblingsübung!

Hier sind einige Reaktionen auf diese Übung:

Ich habe all die bösen Dinge weggeworfen, die ich anderen antue oder antun möchte, wie Hauen und Boxen. – *Jessica*
Ich habe weggeworfen, wie meine Mutter mich verhaut. – *Carlos*

Ich habe meinen ganzen Ärger darüber weggeschmissen, wenn meine Schwester meinen Geldbeutel wegnimmt, ihn versteckt und es Stunden dauert, bis ich ihn wiederfinde. Mein Luftballon war schwarz. Schwarz macht Müll. Ich habe all meine Übelkeit weggeschmissen. – *Sean*

Sean visualisierte weiter, wenn er zur Bestrahlung mußte, und wir sandten ihm unsere heilende Energie und Liebe. Die Liebe, die die Kinder in dieser Klasse teilten, war außergewöhnlich.

Sean wurde wieder ganz gesund, wofür seine Familie und wir alle sehr dankbar waren. Jetzt, zwei Jahre später, kann er wieder am Sportunterricht teilnehmen und spielt in der Fußballmannschaft. Er hat die Phantasiebilder in sein Leben integriert. Er entscheidet immer noch, ob schlechte Gefühle und Zorn bei ihm bleiben oder ob er sie von dem Ballon forttragen lassen soll. Er und seine Familie nutzen diese Bilder in neuen oder angstmachenden Situationen, und Sean hat eine gewisse Sicherheit und

Vertrauen gewonnen, weil er etwas mit seinen Gefühlen tun kann. Er hat uns allen ein großes Geschenk gemacht, als er uns die Macht der Liebe lehrte.

Auf Phantasiereisen können wir lernen, mit unseren Gefühlen zurechtzukommen. Wir können an unbequemen Gefühlen wie Zorn, Enttäuschung und Schmerz festhalten, oder wir können Phantasiebilder benutzen, um sie aufzulösen. Kinder werden häufig dazu aufgefordert, ihre Gefühle auszudrücken. Dies ist jedoch nicht immer leicht, weil negative Gefühle oft schwer zu definieren sind. Manchmal hat ein Mensch ein allgemeines Gefühl von Unbehagen und kann es nicht auf irgendein bestimmtes Ereignis beziehen.

Es ist gut zu wissen, daß man etwas tun kann. Stellen Sie sich vor, daß Sie sich ganz ruhig und entspannt fühlen. Sie sehen, daß Sie von Liebe umgeben sind, und jetzt können Sie bewußt die Gefühle herauslassen, die Sie daran hindern, voll und ganz zu funktionieren. Vielleicht merken Sie auch, daß Sie sich dessen, was sie ärgert, stärker bewußt werden, wenn Sie ruhiger sind, so daß Sie etwas dagegen unternehmen können.

Familien und Klassen, die kurze Entspannungsübungen und Phantasiereisen machen, fühlen, daß sie enger zusammenrücken. Während des Übungsprozesses entsteht ein aufrichtiges Gefühl von Verbundenheit und Fürsorge. Irgendwie gewinnt jedes Mitglied der Gruppe größere Einsicht in die eigenen Gefühle und in die anderer. Man gewinnt die Erkenntnis, daß Isoliertheit nicht sein muß, daß wir alle in Verständnis und Liebe miteinander leben können.

Frieden auf Erden

Warum sind Phantasiereisen so wirksame Lern- und Lebenswerkzeuge? Wie funktionieren sie? Wir wissen nicht mit hundertprozentiger Sicherheit, welcher Teil des Gehirns an dem Prozeß beteiligt ist, aber meine Theorie, die auf Erfahrung und Untersuchungen beruht und auf dem, was ich gelesen habe, besagt, daß bei den Übungen der Teil des menschlichen Gehirns beteiligt ist, der sich als letzter entwickelt hat – die Vorderstirnlappen. Welche Bedeutung hat dies? Es wäre möglich, daß durch Trainieren dieser Vorderstirnlappen ein neuer Mensch entsteht, ein Mensch, der die tiefe Bedeutung und die immerwährende Wirkung von Liebe und Frieden versteht.

Paul McLean, der Leiter des *Laboratory of Brain Evolution and Behavior of the National Institutes of Mental Health* (Labor für Gehirnentwicklung und Verhalten des Nationalen Instituts für geistige Gesundheit), beschreibt das Gehirn als drei Gehirne in einem, die miteinander verbunden sind. Jedes dieser Gehirne entspricht einem getrennten, wichtigen Schritt in der Evolution. Das Gehirn hat eine neue, verfeinerte Schicht entwickelt, als die Menschen zu intelligenteren, fürsorglichen Wesen wurden.

Unser »Reptilien«-Gehirn entstand vor mehreren Hundertmillionen Jahren und spielt eine wichtige Rolle beim aggressiven Verhalten, beim Territorialanspruch, bei Ritualen und der Errichtung sozialer Hierarchien. Wir sehen dieses Verhalten bei sehr kleinen Kindern und Institutionen.

Eine neue Schicht, das limbische System, entwickelte sich vor 150 Millionen Jahren mit der Entwicklung der ersten Säugetiere. Es gab eine große Verschiebung im Bewußtsein, als der Schritt vom Eierlegen hin zum Austragen des Babys in der Gebärmutter erfolgte. Das limbische System spielt eine wichtige Rolle beim Brutpflegeverhalten. Es ist der Ursprung von Emotionen, Familien- und Stammeszusammengehörigkeit und der Fähigkeit zu spielen. Das limbische System spielt bei der Entwicklung von Jugendlichen eine sehr wichtige Rolle.

Die jüngste Schicht, die 85 Prozent des menschlichen Gehirns ausmacht, ist der Kortex. Er entwickelte sich, als die Menschen Werkzeuge und Sprache gleichzeitig zu benutzen begannen. Der Kortex ist an höheren kognitiven Funktionen beteiligt. Ein Modell der kognitiven Funktion unterteilt den Kortex in zwei Hälften, die sich auf verschiedene Arten des Denkens spezialisieren.

Wir haben erst in letzter Zeit von der Bedeutung der Vorderstirnlappen des Kortex erfahren, dem Teil des Gehirns, das sich zuletzt entwickelt hat. MacLean zufolge sind die Vorderstirnlappen für herzliche Gefühle und Mitleid in der Welt verantwortlich. Sie sind der Sitz von Einfühlungsvermögen, Nächstenliebe und mitfühlender Identifikation mit einem anderen Menschen. Wir benutzen unsere Vorderstirnlappen, um für die Zukunft zu planen, uns in der Phantasie vorzustellen, wie sich etwas abspielen könnte. Nicht nur für uns selbst, sondern auch für andere. MacLean berichtet, daß es feststellbare Anzeichen dafür gibt, daß uns der Vorderstirnkortex hilft, Einsichten in die Gefühle anderer zu gewinnen.[3]

Wenn wir in der Entwicklung unseres Gehirns an einem Punkt angelangt sind, an dem wir Einsicht, Voraussicht, Mitleid und Liebe lehren können, besteht die Hoffnung auf eine friedlichere harmonischere Welt. Wir können Phantasiereisen dazu verwenden, uns harmonische Lebensbedingungen vorzustellen, Menschen, die Schmerzen erleiden, heilende Energie zu senden und unsere Liebe denen, die sie brauchen. Es besteht außerdem die Möglichkeit, daß wir unseren Kindern durch erweiterte Lerntechniken, wie es Phantasiereisen sind, helfen können, die Bilder ihrer Phantasie in die Realität umzusetzen.

Drinnen – Draußen

Es ist, als ob die Erde und ich eins sind, wenn man die Sonne nur spüren, sie aber nicht sehen kann. Ich befinde mich in meiner eigenen Welt, die Erde ist um mich herum und schmeckt süß. Das Vertrauen ist neu und duftend, aber wenn ich nach Hause gehe, steigt ein Gefühl von Verlorenheit in mir hoch.

Ich werde versuchen, wie ein großes Kind zu sein, mich frei fühlen und ganz ich selbst sein. Die Zeit dazu ist reif, und ich fühle mich so phantastisch neu!

Das Universum, die Erde und ich.

Eine Verbindung aus Hoffnung und Licht, die aus der Erde heraus in die äußersten Bereiche von Zeit und Raum reicht. Du bist so schön für mich!

Du bist... so schön für mich! – *Kristie*

Übung 20

Heilende Zellen

Alter: acht Jahre und darüber
Übungszeit: fünf bis zehn Minuten

Diese Übung ist für Menschen gedacht, die an Krebs, Leukämie oder AIDS leiden.

Schließt die Augen und konzentriert euch ganz auf euren Atem. Jetzt ist eure Aufmerksamkeit nur auf eine Sache gerichtet, darauf, wie die Luft durch die Nase eingesogen wird und sie wieder verläßt. *(Pause)* Ihr sollt wissen, daß ihr die Fähigkeit habt, direkt durch euer Gehirn oder euren Geist mit eurem Körper in Verbindung zu treten. Heute sollt ihr eurem Körper Befehle zur Heilung geben. Konzentriert euch auf euer Herz und spürt, wie das Blut in das Herz hinein- und wieder hinausfließt, durch euren ganzen Körper und das Gehirn. Stellt euch eine riesige, mächtige Armee von weißen, heilenden Zellen vor, die wie ein Schwarm Fische durch euer Blutsystem schwimmt. Dieser Schwarm starker, weißer, heilender Zellen säubert euer Blut und reinigt euer Immunsystem. Er reinigt die Organe, Muskeln, Knochen, Haut und Haar, er vernichtet jede Krankheit und wäscht sie aus, während er durch euren Körper reist. Fühlt die mächtige, heilende Energie dieses Schwarms weißer, heilender Zellen, der durch euer Blutsystem schwimmt. *(Zwei Minuten Pause)*
Ihr spürt jetzt euren Körper als starken, gesunden Organismus. Gleich werde ich bis zehn zählen. Zählt mit, wenn ich bei sechs angelangt bin und öffnet eure Augen bei zehn. Ihr fühlt euch dann entspannt und hellwach.
Eins... zwei... drei... vier... fünf... sechs... sieben... acht... neun... zehn.

Übung 21

Herzmeditation

Alter: drei bis zwölf Jahre
Übungsdauer: drei bis fünf Minuten

Setzt euch bequem hin. Schließt die Augen und konzentriert euch ganz auf eure Atmung, einatmen... und... ausatmen... ein... und... aus. *(Pause)* Ihr atmet jetzt ganz entspannt weiter und konzentriert euch auf die Herzgegend in der Mitte der Brust. *(Pause)* Atmet in euer Herz ein und füllt euer Herz mit Liebe und Energie. *(Pause)* Während Ihr weiteratmet, erweitert sich die Liebesenergie, sie wird größer und größer, füllt eure ganze Brust aus und, wenn es geht, sogar den ganzen Körper. Ihr könnt euch eine Farbe für diese Liebesenergie ausdenken. Sendet jetzt eure Liebe aus eurem Herzen in die Mitte des Kreises. Sie verbindet sich mit der Liebe all derer, die hier in diesem Raum sind. *(Pause)* Jetzt wollen wir alle unsere Liebe zusammen an jemanden senden, der nicht anwesend ist und von dem ihr wißt, daß er unsere Liebe braucht. *(Pause)* Holt diese Liebe und Energie jetzt wieder in euren Körper zurück, und öffnet langsam die Augen, wenn ihr fertig seid.

Reaktionen auf die »Herzmeditation«

Ich habe meine Liebe und Energie an alle gesendet, die sie brauchen. – *Jessica*

Meine Hand war warm und wurde immer wärmer, als mein Herz schlug. Ich habe Liebe und Energie an Donna und ihr Baby gesendet. Als ich sie in die Mitte unseres Kreises geschickt habe, fühlte es sich an wie ein Wasserfall. – *Mary*

Ich habe Liebe und Energie an meinen Cousin gesendet, der Grippe hat und draußen spielen wollte und nicht hinaus durfte. Ich habe die Energie um mich herum gefühlt. Ein Knall von Energie kam aus Seans Rücken. – *John*

Ich fühlte es kribbeln. Ich habe Liebe und Energie an Kirsten gesendet und an ein Baby, das ich im Fernsehen gesehen habe. Es war auf einem Auge blind und hatte ein Loch im Herzen. – *Chris*

Ich habe einen Schnupfen, deshalb habe ich meine Energie an meine Nase gesendet. Dann habe ich sie zu meinem Bein geschickt, weil ich mir gestern wehgetan habe. Es hat sich wie ein Zittern angefühlt. Meine Nase hat sich komisch angefühlt, weil sie bebte. – *Sean*

Übung 22

Lotusblumenmeditation

Alter: drei Jahre und darüber
Übungsdauer: fünf Minuten

Schließt die Augen und konzentriert euch auf euer Herz oder auf den Bereich in der Mitte eurer Brust. Stellt euch dort eine geschlossene Lotusblume mit goldenen Blütenblättern vor. Ihr atmet in euer Herz ein, und die Energie aus eurem Herzen öffnet langsam die Blütenblätter der Lotusblume *(Pause)*. Aus der Mitte der Lotusblume strahlt ein wunderschönes blaues Licht. Ihr habt all die Zeit, die ihr braucht, um eure Blume ganz zu öffnen. *(Eine Minute Pause)* Während sich die Lotusblume immer weiter öffnet, dehnt sich das blaue Licht aus und erfüllt euch mit Energie und Licht. *(Eine Minute Pause)* Seht, wie das blaue Licht aus eurem Herzen sich mit dem blauen Licht aus den Herzen aller, die hier sind, verbindet. *(Pause)* Laßt dieses Bild jetzt fallen, achtet darauf, wie ihr euch fühlt und öffnet langsam die Augen. Ihr seid jetzt hellwach und doch ganz entspannt.[4]

Reaktionen auf die »Lotusblumenmeditation«

Die Blume war gelb, und es öffneten sich immer zwei Blütenblätter gleichzeitig. Es fühlte sich an, als käme blaue Lava aus meinem Herzen, und das weiße Licht kam aus dem Himmel. Als sie zusammentrafen sprühten Funken. Eine Seite meines Körpers fühlte sich heiß an und die andere kalt. – *Kevin*

Ich konnte sehen, wie die Geiseln (im Iran) befreit wurden, weil die Bewacher herumlagen und weißes und blaues Licht um sie herum war, und sie ließen die Geiseln frei. – *Sean*

Meine Blume entkräuselte ein Blütenblatt nach dem anderen, und alle hatten verschiedene Farben. Ich habe meine Liebe und Energie an alle gesendet, die sie brauchen. – *Denise*

Ich habe meine Augen nur halb geschlossen und sah, wie deine Energie aus deinem Körper kam. Meine Energie traf auf deinen Energiestrahl, und sie verbanden sich und gingen beide zu Donna (die zu der Zeit kurz vor der Geburt ihres ersten Kindes stand). – *Carlos*

Anmerkung für Eltern und Lehrer

Übung 23 ist eine Abwandlung der Machtschild-Übung. Ich habe sie für die Donnerstagabend-Gruppe in Santa Monica geändert, eine Erziehungsorganisation, die die Friedenserziehung von Kindern aller Altersgruppen fördert.

Legen Sie Papier und Stifte oder Wachsmalkreiden bereit. Lassen Sie Ihre Kinder oder die Schüler Kreise zeichnen, die in vier Abschnitte unterteilt werden. In diese Abschnitte werden sie Bilder oder Symbole malen, die ihre Fähigkeiten oder Stärken, Ängste, Träume und die Handlungen darstellen, die notwendig sind, um diese Träume in der Zukunft zu verwirklichen. Betonen Sie, daß diese Übung nichts mit künstlerischen Fähigkeiten zu tun hat und daß man keine besondere künstlerische Begabung braucht. Es ist wichtig, konkrete Bilder weiterzugeben, die in den Phantasiereisen aufgetaucht sind, so daß man später mit ihnen arbeiten kann. Besprechen Sie die Schilder, wenn sie fertiggestellt sind.

Betonen Sie, daß jeder einzelne Mensch eine Bedeutung im Leben hat und daß es für Kinder und Jugendliche wichtig ist, zu erkennen, daß das, was sie sich für die Zukunft erträumen, Wirklichkeit werden kann, wenn sie bereit sind, ihre Fähigkeiten einzusetzen, ihre Ängste anzusprechen und die Möglichkeiten zu sehen, die sie haben, um für sich und alle, die sie lieben, ein vernünftiges Leben aufzubauen.

Übung 23

Friedensschild

Alter: neun bis achtzehn Jahre
Übungsdauer: zehn bis fünfzehn Minuten
Folgezeit: fünfzehn bis dreißig Minuten

Da wir wissen, daß Handlungen auf Gedanken folgen, ist es wichtig zu erkennen, daß jeder einzelne von uns für unsere Gedanken und Handlungen verantwortlich ist, was die Zukunft unseres Planeten betrifft. Die Zukunft hängt von euch ab, von euren Gedanken, euren Träumen, euren Handlungen.

Es ist wichtig, darüber nachzudenken, welche Stärken und Fähigkeiten ihr in die Gegenwart und auch in die Zukunft einbringt. Es ist auch wichtig zu erkennen, welche Ängste ihr mit euch herumtragt, weil sie euch möglicherweise bei eurer Arbeit an der Zukunft behindern. Wenn man Angst hat, ist es schwer, sich vorzustellen, wie man die Dinge, die einem Angst einjagen, ändern kann. Ihr sollt auch erkennen, welche Wünsche und Träume ihr für euch selbst habt, für eure Familie und Freunde, und was ihr unternehmen müßt, damit diese Träume Wirklichkeit werden.

Heute wollen wir einen persönlichen Machtschild anfertigen, der zeigt, wer wir sind. In vielen Kulturen, in den europäischen und den Kulturen der amerikanischen Indianer, haben Familien Schilde oder Wappen, die etwas über sie aussagen, über ihre Stärke. Auf ihnen ist vielleicht ihr Tiertotem abgebildet, oder sie tragen ihren Namen. Euer Schild wird in vier Viertel unterteilt, in die ihr (1) eure Stärken oder Fähigkeiten zeichnen werdet, (2) eure Ängste, (3) eure Träume für die Zukunft und (4) die Handlungen, die erforderlich sind, damit ihr eure Träume Wirklichkeit werden lassen könnt.

Schließt die Augen und setzt euch bequem hin. Konzentriert euch ganz auf eure Atmung. Wenn ihr ausatmet, könnt ihr Spannungen, die ihr möglicherweise in eurem Körper habt, herauslassen. Stellt euch vor, daß ihr mit jedem Ausatmen immer entspannter werdet. *(Pause)*

Gut. Atmet jetzt weiter, wie es für euch bequem ist, und konzentriert euch auf einen Punkt in der Mitte eurer Stirn zwischen euren geschlossenen Augen. Stellt euch an dieser Stelle einen Kreis vor, der mit jedem Atemzug, den ihr macht, langsam wächst. Während ihr immer weiteratmet, wächst euer Kreis. Er wird größer und größer, bis ihr und der Kreis eins seid. *(Pause)*

Jetzt könnt ihr in eurem Kreis Bilder sehen, spüren oder fühlen, Bilder, die eure Fähigkeiten und Begabungen darstellen. Es können körperliche oder geistige Begabungen sein, künstlerische oder musikalische Fähigkeiten oder die Gabe, euch anderen mitzuteilen. Stellt euch die Dinge vor, die euch als Mensch ein gutes Gefühl geben. *(Eine Minute Pause)*

Jetzt sollt ihr eure Ängste sehen, spüren oder sie euch vorstellen. Egal ob es kleine Ängste oder große sind, hier an diesem Ort seid ihr völlig sicher. Es können Hindernisse sein, denen ihr euch zur Zeit gegenüberseht, oder Ängste, die mit der Zukunft zusammenhängen. *(Eine Minute Pause)*

Jetzt seht, spürt oder stellt euch die Träume vor, die ihr für euch selbst habt, und für die Menschen, die ihr liebt. Wie wollt ihr euer Leben leben? *(Eine Minute Pause)*

Jetzt geht es um den letzten Abschnitt eures Kreises. Seht, fühlt oder stellt euch vor, was ihr und andere tun könnt, um eure Träume Wirklichkeit werden zu lassen. Was könnt ihr dafür tun? *(Eine Minute Pause)*

In einem Augenblick werde ich bis zehn zählen. Bitte zählt laut mit, wenn ich bei sechs angelangt bin, öffnet eure Augen bei zehn. Ihr seid dann bereit, die Bilder aus eurer Vorstellung von euren Fähigkeiten, Ängsten, Träumen und Taten zu zeichnen, die nötig sind, damit eure Träume Wirklichkeit werden.

Eins... zwei... drei... vier... fünf... sechs... sieben... acht... neun... zehn.

Kapitel 10

Erwachsen werden

Die Pubertät ist die Zeit, in der der Mensch aus dem »heimlichen Paradies« der Kindheit ausgestoßen wird. Der heranwachsende Jugendliche ist ein ganz anderes Wesen, als er vor seiner sexuellen Reife war. Jugendliche sollen sich mit der äußeren Welt auf eine Art und Weise auseinandersetzen, wie sie es noch nie zuvor mußten. Es ist fast ein Wunder, daß so viele Menschen die Zeit des Heranwachsens unbeschadet überstehen!

Die körperlichen, emotionalen, geistigen und seelischen Veränderungen, die mit dem Erwachsenwerden einhergehen, bringen für alle, Kind und Eltern oder Lehrer, Sorgen mit sich. Während der Teenagerzeit (von zehn bis neunzehn Jahren) sieht sich das Kind bestimmten Streßfaktoren ausgesetzt, die das Selbstbewußtsein, das eigene Körperbild, Emotionen, Freundschaften, den Druck Gleichaltriger, Erwartungen der Eltern in bezug auf Zensuren und Verhalten, Zeitnot und Geldschwierigkeiten, die sexuelle Identität und das Verlassen der gewohnten, sicheren Umgebung, das Zurechtfinden in der Welt der Erwachsenen und die Angst vor dem Tod betreffen.

Diese Streßfaktoren sind vorhanden, egal ob man auf dem Land oder in der Stadt lebt, und man muß sich mit ihnen auseinandersetzen, sonst leidet der Jugendliche unter Zorn, Depressionen, Kopfschmerzen, Magenschmerzen, Störungen des Eßverhaltens oder Schlafproblemen, oder er beginnt, Alkohol, Tabak oder Drogen zu mißbrauchen. Indem man die Kommunikationslinien zwischen Eltern/Lehrern und Jugendlichen offenhält und Phantasiereisen als Werkzeug zur Streßreduzierung einsetzt, kann dieser Übergang von der Kindheit ins Erwachsenenalter glatter gestaltet werden.

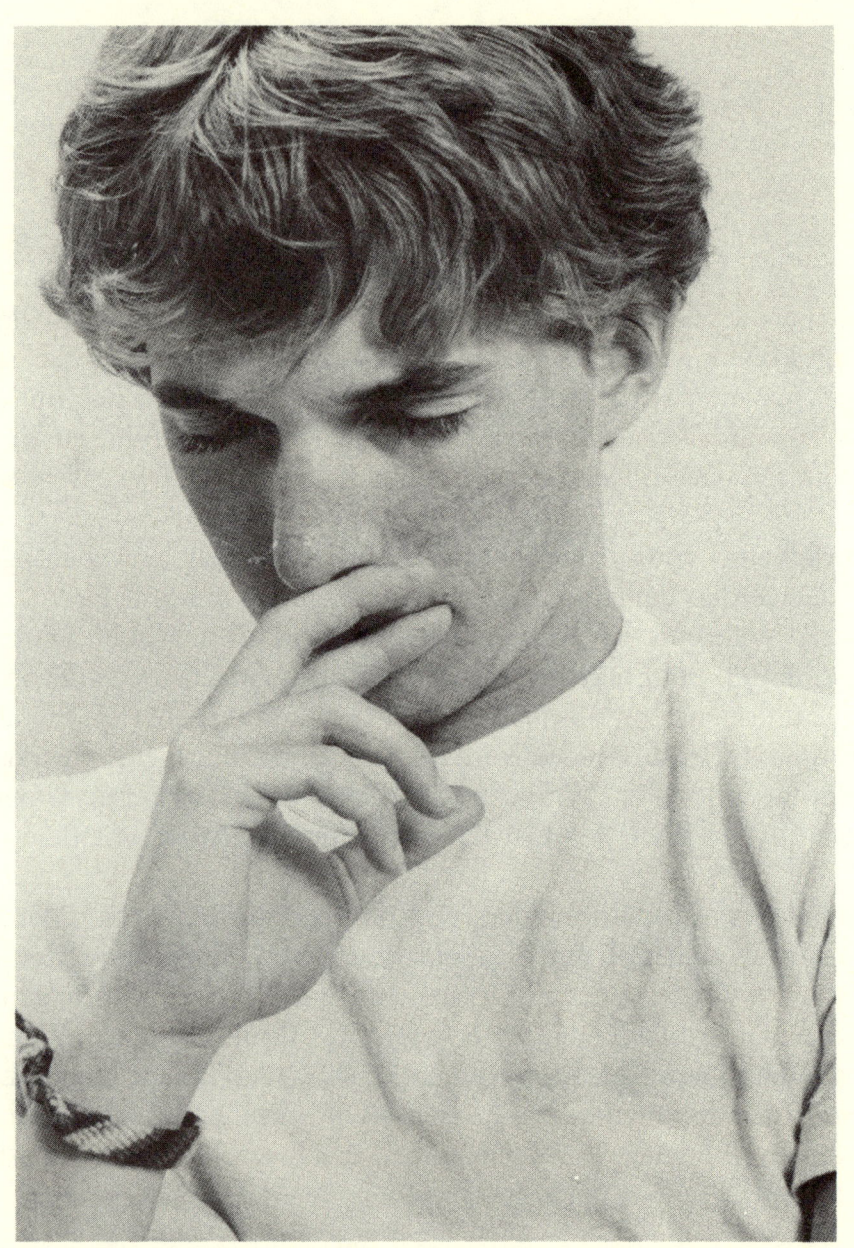

Sich anpassen

Der Übergang von der Grundschule zur weiterführenden Schule bringt nicht nur den Umzug in eine neue Umgebung mit sich, sondern ist auch eine Zeit des Experimentierens – neue Freunde, neue Kleidung, neue Musik, eine andere Ausdrucksweise und neue Frisuren. Freunde haben für viele Jugendliche Vorrang, und der Wunsch, einer Gruppe anzugehören, wird zum Bedürfnis.

Abraham Maslow, einer der Begründer der humanistischen Psychologie, untersuchte, was Menschen in ihrem Leben brauchen, und entwickelte folgendes Konzept einer Bedürfnishierarchie.

Selbstverwirklichung
Selbstachtung
Liebe und Zugehörigkeit
Sicherheit und das Bedürfnis
nach Geborgenheit
Physiologische Grundbedürfnisse

Die Grundbedürfnisse der Menschen beziehen sich auf Wasser, Nahrung, Schutz, Wärme, Schlaf, Aktivität, Bewegung und Sexualität. An zweiter Stelle steht das Bedürfnis nach Sicherheit, an dritter Stelle das Bedürfnis nach Liebe und Fürsorge durch Familie, Freunde oder eine andere Gruppe, an vierter Stelle das Bedürfnis nach Wertschätzung, Zustimmung, Würde und Selbstachtung. Auf der obersten Stufe steht das Bedürfnis nach Selbstverwirklichung: zu wissen, wer man ist, der Wunsch, all das zu sein, was man sein kann, und die Fähigkeit, kreativ zu sein.[1]

Wenn man Maslows Ideen sehr stark vereinfacht ausdrückt, bedeutet das, daß man die Grundbedürfnisse zuerst befriedigen muß, bevor man zur nächsten Bedürfnisebene weitergehen kann. Wenn wir hungern oder frieren, denken wir nicht an unsere Sicherheit. Wenn wir uns nicht sicher fühlen, kümmern wir uns nicht um Geborgenheit. Wenn wir nicht das Gefühl haben, geliebt und umsorgt zu sein, denken wir nicht über die Liebe zu uns selbst nach. Wenn wir uns nicht selbst mögen, können wir nicht kreativ sein und unsere Möglichkeiten voll ausschöpfen.

Manchmal verändern sich Bedürfnisse sehr schnell. Wenn ein junges Mädchen sich von seinem Freund trennt, denkt es nur über Zusammengehörigkeit nach. Wenn jemand in einer Gruppe, der ein Jugendlicher sich gerade angeschlossen hat, hinter seinem Rücken über ihn redet, fühlt dieser sich betrogen oder ausgestoßen. Teenager können durch ihr verzweifeltes Bedürfnis nach Zugehörigkeit den Gefühlen anderer gegenüber sehr unempfindlich sein.

Ein Jugendlicher in Ihrer Familie möchte vielleicht mit Ihnen über seine Schwierigkeiten mit Freunden sprechen. Sie sollten diese Beziehung oder die schmerzlichen Empfindungen, die Enttäuschungen in Freundschaften begleiten, nicht herunterspielen. Jugendliche müssen überprüfen, was in bezug auf bestimmte Freundschaften wichtig für sie ist, wie sie neue Freunde gewinnen können und wie sie mit Freunden des anderen Geschlechts umgehen sollen.

Ich habe mit meiner achten Klasse eine Phantasiereise gemacht, die sich hervorragend als Einstimmung auf eine Diskussion über Freundschaft eignet. In dieser Übung wählten sie einen Freund aus, mit dem sie auf eine einsame Insel gingen, und dachten darüber nach, was sie an dieser Freundschaft am meisten schätzten, während beide zusammen die Insel erforschten. Die folgenden Reaktionen zeigen, was für sie an ihrem Freund am wichtigsten ist:

Er hat die gleichen Interessen wie ich, die gleiche Art von Humor.

Mein Freund und ich können gut zusammenarbeiten – wir zelten beide gern und interessieren uns für Kunst.

Er ist ein Mensch, mit dem ich Fehler machen kann, jemand, dem gegenüber ich ganz offen sein kann, wenn ich enttäuscht bin.

Ich kann meine Träume über die Zukunft mit ihr teilen.

Sie achtet darauf, daß ich das, was ich tue, nicht falsch einschätze.

Er bringt mich zum Denken.

Sie ist bereit, vor mir Fehler zu machen.

Wenn man den Gedanken der Freundschaft in Phantasiereisen untersucht, kann dies Jugendlichen helfen, sich die Menschen als Freunde zu wählen, mit denen sie ihr Leben teilen wollen. Die folgende Reaktion einer Fünfzehnjährigen verdeutlicht dies.

Ich habe Jill nach Puntarenas, Costa Rica, mitgenommen. Das Licht ist dort wunderschön, und sie malt gern. Ich wußte also, daß wir unsere Zeit mit Malen und Photographieren verbringen konnten. Wir beide mögen die Menschen dort und das Essen in den Cantinas und wandern gern in den Bergen. Jill hat Angst vor großen Höhen, deshalb müssen wir die Pfade langsam hinaufklettern, aber das macht mir nichts aus, weil ich dann Zeit habe, Photos zu machen und mich an den Farben des Laubs zu erfreuen.
Eins der Dinge, die ich besonders an Jill schätze, ist, daß sie mir immer die Wahrheit sagt, auch wenn ich sie vielleicht nicht gerne höre – die Wahrheit über mich selbst, über das, was sie an mir mag oder auch nicht mag, und die Art und Weise, wie ich mich ihr gegenüber verhalte. Sie ist ein Mensch, mit dem ich meine Enttäuschungen, aber auch meine Freuden teilen kann. Sie bringt mich dazu, die Dinge auch einmal anders zu sehen, weil wir nicht dieselbe Auffassung haben. Wir stimmen nicht immer überein, und das ist positiv.
Wenn wir zusammen sind, kann ich ganz selbst und auch mal albern sein. Wir lachen viel zusammen.

Das Selbstverständnis von Jugendlichen

Die Eltern und die Familie waren im Leben eines Kindes bisher die wichtigsten Menschen, und sie spielen die bedeutendste Rolle beim Formen des Selbstverständnisses des Kindes – bis zum Jugendalter. In der Pubertät scheinen Freunde die überragende Rolle bei der Bestimmung des Standpunktes eines Kindes zu übernehmen. Lehrer und andere Erwachsene, wie Trainer und Vorgesetzte, werden ebenfalls wichtig. Am Schluß ist es das Kind, das entscheidet, was es von sich denkt, aber es benutzt andere Menschen, um sich selbst zu »messen«. Sie dienen als Modelle dafür, wie es selbst gerne sein möchte.
Unglücklicherweise konzentrieren sich viele im frühen Jugendalter (zwölf bis vierzehn Jahre), nur auf ihre Schwächen, statt auf ihre Stärken, wenn sie sich mit anderen vergleichen. Sie sehen nur das, was sie nicht haben – gute Noten, Beliebt-

heit, ein attraktives Erscheinungsbild – anstatt an die Fähigkeiten zu denken, die sie besitzen. Sie entwickeln möglicherweise unrealistische Erwartungen sich selbst, ihren Freunden oder Eltern gegenüber und konzentrieren sich nur auf das Negative.

Ihre Aufgabe als Elternteil oder Lehrer ist es, den Jugendlichen zu helfen, ihre positiven Seiten zu sehen und ihnen durch diese Zeit verwirrter Gefühle zu helfen, wenn sie spezifische Dinge verallgemeinern. Manchmal glauben Menschen, daß nichts mehr funktioniert, wenn einmal etwas nicht klappt. Ein Junge, der es zum Beispiel nicht schafft, in eine Mannschaft aufgenommen zu werden, glaubt jetzt möglicherweise, daß er zu nichts taugt. Kinder vergessen, daß jeder einmal einen Mißerfolg hat, wütend wird, manche Dinge besser als andere kann und während des ganzen Lebens einen Kreislauf von Verbesserung und Verschlechterung durchlebt. Sie müssen ihnen helfen, eine Perspektive zu gewinnen.

Ein gesundes Selbstverständnis ist dann vorhanden, wenn wir akzeptieren, wer wir sind, uns so annehmen, wie wir sind, und das Gefühl haben, wichtig zu sein. Unsere Gesellschaft leidet unter der Krankheit, »nicht genug« zu erreichen, und unsere Jugendlichen leiden an den Folgen. »Ich habe nicht genug geschafft... die Note war nicht gut genug... nicht genug Preise... nicht genug Geld... nicht genug Freunde... nicht genug Sex/Essen/Kleidung/leibliche Genüsse/Anerkennung...« Diese Art des Denkens verhindert das Wachsen einer gesunden Selbstachtung. Es entsteht Unzufriedenheit mit sich selbst, weil die zugrundeliegende Botschaft lautet: »Ich bin nicht genug.«

Diese Auffassung ist falsch, und es ist unsere Aufgabe als Erzieher und Eltern, unseren Kindern zu helfen, sich sicher und geborgen zu fühlen, so wie sie sind. Sie können Jugendlichen helfen, Selbstachtung zu entwickeln, indem Sie sie dazu anleiten, sich auf die Fähigkeiten und Talente zu konzentrieren, die sie besitzen, statt sich danach zu sehnen, jemand anders zu sein. Ermutigen Sie sie, darauf zu achten, wenn sie etwas erfolgreich tun, und lehren Sie sie, Fehler als eine Art des Lernens zu sehen und nicht als Niederlage. Helfen Sie ihnen, sich über Ziele klar zu werden und sich bei allem, was sie tun wollen, erfolgreich zu sehen. Je klarer das Bild ist, desto größer ist die Chance, die die Jugendlichen haben, sich ein positives Selbstbild aufzubauen. »Ich akzeptiere mich« (Übung 26) eignet sich ausgezeichnet, um Selbstachtung und eine vernünftige Haltung aufzubauen, die dem Leben des Jugendlichen eine Richtung geben kann.

Übungen, die Konzentration, Kreativität und intuitives Denken entwickeln, sind für jedes Lebensalter wichtig, bei älteren Kindern jedoch liegt die Betonung darauf, ihnen aktiv zu helfen, die Funktionen ihrer Emotionen, ihres Gehirns und ihres Körpers zu verstehen. Im frühen Jugendalter erfahren sie eine große Bandbreite von Stimmungen; in einem Augenblick fühlen sie sich glücklich und im nächsten traurig.

Die dreizehnjährige Amy erklärte: »Manchmal muß ich wegen meiner Gefühle weinen, ohne richtigen Grund, oder ich werde auf jemanden wütend und weiß nicht warum. Diese Änderungen meiner Stimmungen machen mir Angst, weil ich meine Gefühle nicht kontrollieren kann.« Manche Heranwachsende sind leicht reizbar und streiten sich häufig. »Wenn ich schlecht gelaunt bin, schalte ich ganz ab und höre nicht mehr auf das, was andere, besonders meine Eltern oder Lehrer, zu mir sagen«, sagt der vierzehnjährige Craig. »Ich hacke auf meiner Mutter herum, und dann fühle ich mich besser«, sagt der fünfzehnjährige Eddie.

Wenn ein Jugendlicher keine vernünftige Methode findet, diese unvorhersehbaren Gefühle herauszulassen, muß ein Elternteil, ein Bruder oder eine Schwester oder ein Lehrer den Preis zahlen. Emotionen werden im Körper als Muskelverspannung, Kopfschmerzen, Magenschmerzen und Müdigkeit aufgestaut. Sie können Jugendlichen helfen, sie mit Übungen zur Streßreduzierung wie »Platz schaffen« (Übung 27) und »Welle« (Übung 29) herauszulassen.

Das Körperbild

Die körperlichen Veränderungen in der Pubertät können eine Hauptursache für Streß bei einem Teenager sein. Mädchen machen sich Sorgen, weil sie plötzlich größer werden als die Jungen um sie herum. Sie sorgen sich um die Größe ihres Busens und darum, wann sie zum ersten Mal ihre Periode bekommen. Jungen machen sich Gedanken über die Größe ihres Penis, über den Stimmbruch und darüber, ob sie groß genug werden. Jungen und Mädchen sind wegen ihres Aussehens, ihres Gewichts, ihrer Gesichtszüge, ihrer Körperbehaarung und ihrer Pickel verunsichert.

Mädchen hören vielleicht von ihren Vätern Bemerkungen wie: »Schade, daß du solche Oberschenkel hast wie deine Mutter«, oder Jungen bekommen von ihren

Müttern zu hören: »Dein Vater ist erst mit neunzehn Jahren gewachsen.« Solche Kommentare, die eigentlich humorvoll oder beruhigend gemeint sind, können ein Todesstoß sein für sensible Teenager, die sowieso schon unzufrieden mit ihrem Körper sind. Vermeiden Sie es, die Sorgen ihrer Kinder zu bagatellisieren, indem sie Witze über ihre Entwicklung machen und Familienmythen verewigen. Helfen Sie ihnen zu erkennen, daß sie möglicherweise negative Bilder in ihrem Körper mit sich herumtragen und daß sie die Möglichkeit haben, sie in positive zu verwandeln.

Viele Jugendliche stauen in ihrem Körper Gefühle von Unzulänglichkeit und Selbstverachtung, sowie Spannungen wegen ihrer schulischen Leistungen und sozialen Beziehungen auf. Dr. Eugene Gendlin und seine Mitarbeiter von der Universität Chicago haben eine Technik entwickelt, die zeigt, wie Menschen persönliche Probleme und Haltungen, die in ihrem Körper vorhanden sind, identifizieren und verändern können. Diese Technik bezeichnet er als *Focusing*. Es ist ein Prozeß, bei dem man mit einer besonderen Art von innerem Körperbewußtsein Kontakt aufnimmt. Es ist der Sinn des Körpers für ein spezielles Problem oder eine Situation, die auf den ersten Blick nicht erkennbar ist. Dieses vage Gefühl wird von vielen Jugendlichen als »nicht im Einklang sein« beschrieben. Wenn diese hintergründigen Gefühle in den Brennpunkt gelangen, findet der Körper seinen eigenen Weg, Antworten für unausgesprochene Probleme zu liefern.[2]

Ein Beispiel ist der ständige Druck, der auf den Jugendlichen lastet und der sie zwingt, sich dem Bild der Medien von Schönheit und Sexualität anzupassen. Trotz intensiver Bemühungen in den letzten zwanzig Jahren, die stereotypen Bilder von Frauen und Minderheiten auszumerzen, bestehen Sexismus und Rassismus weiter. Die Ausbeutung von Sex und Rasse ist sogar zu einem lukrativen Werbemittel geworden.

Nach der Übung »Platz schaffen« schrieb die siebzehnjährige Luisah:

Seit ich ein Kind war, wurde ich mit Bildern und Botschaften der Medien bombardiert, die besagten, daß eine Schwarze nicht schön sein kann. Also redete ich mir ein, daß Schönheit unwichtig ist. Wichtig allein war harte Arbeit. Aber ich weiß, daß ich stark bin und daß ich nicht weiß und blond sein muß, um im Leben eine Rolle zu spielen. Ich weiß, daß ich schön bin.

Das Gehirn in der Pubertät

Die wissenschaftlichen Untersuchungen über das menschliche Gehirn können uns noch keine Antworten darauf geben, wie wir unsere Kinder am besten erziehen können, aber sie liefern nützliche Analogien, überdenken alte Theorien, schlagen neue Hypothesen vor und rotten einige alte Vorstellungen über das Lehren und Lernen aus.

Wir lernen nicht alle auf die gleiche Art und Weise, und Jungen und Mädchen lernen nicht dieselben Fächer in jedem Alter gleich gut. Das Geschlecht hat Auswirkungen auf das Lernen; die Struktur des Gehirns, Hormone und Verhalten beeinflussen es ebenfalls. Welches Bild wir uns von uns machen, hat Auswirkungen darauf, wie gut wir lernen und uns erinnern. Aus demselben Ereignis lernen verschiedene Menschen verschiedene Dinge und behalten auch unterschiedliche Erinnerungen daran im Gedächtnis. Das ist abhängig von dem Organisationsprozeß, den sie benutzen.

Untersuchungen von Herman Epstein haben erwiesen, daß das Gehirn, wie alle anderen Organe auch, stufenweise wächst, Zeiten schnellen Wachstums hat (im Alter von zwei bis vier, sechs bis acht, zehn bis zwölf und vierzehn bis sechzehn Jahren) und stabile Zustände (im Alter von vier bis sechs, acht bis zehn und zwölf bis vierzehn Jahren), in denen es kein bedeutsames Wachstum oder keine Erhöhung der Anzahl von Synapsen gibt. Dies bedeutet nicht, daß es in den Wachstumsphasen des Gehirns zu neuen Zellbildungen kommt, sondern daß in dieser Zeit mehr Synapsen-Verbindungen entstehen. Diese Wachstumsphasen verlaufen bei Jungen und Mädchen unterschiedlich.

Im Alter von zehn bis zwölf Jahren wächst das weibliche Gehirn etwa dreimal so stark wie das männliche, während die Situation im Alter von vierzehn bis sechzehn Jahren genau umgekehrt ist, also das männliche Gehirn mehr wächst. Mädchen brauchen daher im Alter von zehn bis zwölf Jahren einen Stundenplan, der sie mehr fordert als die Jungen in diesem Alter, und einen weniger komplexen, wenn sie fünfzehn Jahre alt sind. Oft kommt es zu einem »Abschalten« im Unterricht aufgrund von Überforderung. Viele Fächer, in denen »formale Operationen« gefragt sind, beginnen, wenn die Schüler vierzehn Jahre alt sind und die Bereitschaft dazu eigentlich nicht vorhanden ist, weil sich das Gehirn dann nicht in einer Wachstumsphase befindet. Während dieser Zeitabschnitte sollten dem Kind viele Informationen zugänglich sein und eine Vielfalt von *direkten* Erfahrungen mit der Natur, Wissenschaften, Menschen und der Arbeitswelt, alles unter dem Aspekt, die Grundlage *direkter* Erfahrungen zu vergrößern.[3]

Bei Eltern und Lehrern liegt die Verantwortung, den Jugendlichen die Aufmerksamkeit zu erleichtern, ihnen die Möglichkeit zu geben, Fragen zu stellen, bei denen Verbindungen hergestellt werden können, und Erfahrungen mit der »wirklichen« Welt zu vermitteln.

Eltern sollten auch daran denken, Jugendliche nicht mit *unvernünftigen* Forderungen zu konfrontieren, was ihre Noten betrifft. Ich höre oft Bemerkungen wie: »Meine Mutter bringt mich um, wenn ich es nicht schaffe, nach Harvard zu kommen« oder »Mein Vater wird mir nie vergeben, wenn ich in Chemie nicht gut bin. Er versteht einfach nicht, daß ich kein wissenschaftliches Genie bin, so wie er.«

Helfen Sie Ihren Kindern oder Schülern, sich aktiv bewußt zu werden, daß sie mit dem Gehirn und dem Gedächtnis arbeiten, und helfen Sie ihnen, ihre Zeit so einzuteilen, daß sie wirkungsvolle Lernfähigkeiten entwickeln können. Benutzen Sie »Das Wiederauffinden von Informationen im Gehirn« (Übung 28), um Jugendlichen zu helfen, sich geistig auf eine Prüfung vorzubereiten. Setzen Sie sie nicht noch mehr unter Druck, indem Sie verlangen, daß sie in einem Bereich Erfolg haben, in dem Sie erfolgreich waren oder Erfolg haben wollten. Lassen Sie sie ihr eigenes Leben leben und ihre eigenen Fehler machen. Sie sollen lernen, die für sie beste Wahl zu treffen.

Phantasiereisen mit Heranwachsenden

Jugendliche wollen immer verstehen, *warum* sie etwas Bestimmtes tun sollen. Es hat keinen Zweck, es mit elterlicher Autorität zu versuchen, was bei kleineren Kindern durchaus wirkungsvoll war. Jetzt wollen sie die Gründe wissen, warum man bestimmte Dinge von ihnen erwartet.

Phantasiereisen reduzieren Streß, helfen einem Menschen, sich zu entspannen und machen den Geist klar, indem sie ihn von Störungen und unwichtigen Dingen befreien. Als ich meiner zwölften Klasse im Unterricht für menschliche Entwicklung zum ersten Mal Phantasiereisen vorstellte, meinte die siebzehnjährige Alexandra:

Mir fällt es schwer, ganz an den Phantasiereisen teilzunehmen, weil ich so angespannt bin. Ich muß so oft tagsüber hellwach sein, daß es mir fast unmöglich ist, teilzunehmen und mich fallenzulassen. Ich merke, daß ich zu oft über etwas nachdenke, das gerade passiert ist oder passieren wird. Meine Neigung, soviel zu denken, bereitet mir großen Schmerz, aber auch große Freude. Meine Füße, mein

138

Rücken, mein Nacken, meine Hände und mein Gesicht waren stark angespannt, als wir begannen. Ich habe ein Gefühl von Entspannung in meinem Rücken gespürt, als Sie uns an den Strand geführt haben.

Erfahrung ist der beste Lehrer, was Phantasiereisen betrifft. Vielleicht stoßen Sie auf Ablehnung, wenn Sie diese Übungen zum ersten Mal zu Hause oder im Klassenzimmer einführen, aber wenn Sie das Bedürfnis der Jugendlichen nach Abgeschiedenheit und Geborgenheit respektieren und ihre Gefühle akzeptieren, werden Sie sicher mehr Erfolg haben. Ich selbst habe die Erfahrung gemacht, daß es mindestens vier bis sechs Sitzungen dauert, bis sie sich an die neue Technik gewöhnt haben. Schrauben Sie Ihre Erwartungen nicht zu hoch. Teenager möchten vielleicht ihre Erfahrungen während der Übungen nicht so gerne verbal mitteilen. Geben Sie ihnen Zeit, damit sie ihre Bilder schriftlich, mit zeichnerischen und malerischen Mitteln oder in Tonarbeiten ausdrücken können. Sie können vorschlagen, ein Tagebuch zu führen, in dem sie ihre Bilder aufzeichnen können. Je mehr sie mit Phantasievorstellungen arbeiten, desto häufiger tauchen die Bilder wieder auf und werden erweitert.

Im Klassenzimmer

In einem typischen Klassenzimmer einer weiterführenden Schule haben Sie wahrscheinlich Tische und Stühle, die sich nicht leicht umstellen lassen und ein Zeitlimit von vierzig bis fünfundvierzig Minuten für die Übungen. Ich habe kein eigenes Klassenzimmer, sondern unterrichte immer in anderen Räumen im ganzen Schulgebäude. Das erste, worum ich meine Schüler bitte, wenn wir den Raum betreten, ist, alle Tische an die Wand zu schieben. Dann setzen wir uns in einem Kreis hin, entweder auf Stühle oder auf den Boden. Oft legen sich meine Schüler hin, wenn ein Teppich vorhanden ist, oder sie bringen sich eine Matte oder ein Handtuch mit. Wenn Stühle und Tische miteinander verbunden sind, legen die Schüler ihren Kopf auf den Tisch. In der Mitte des Kreises zünden wir eine Kerze an und legen oft auch eine Kristallkugel dazu. Ich drehe das Licht aus und spiele leise, entspannende Musik, wenn ich mit der Übung beginne. Einige Schüler schließen ihre Augen nicht, sondern genießen die friedliche Stille des halbdunklen Raumes.

Wenn wir mit der Übung fertig sind, gebe ich den Schülern Zeit, ihre Erfahrungen aufzuschreiben oder zu zeichnen und sie dann in Worten wiederzugeben, wenn sie möchten. Ältere Jugendliche sind verschlossener als jüngere, was ihre Gedanken, Gefühle und Phantasien betrifft, und haben oft Angst davor, wie die Gleichaltrigen

sie aufnehmen. Die folgende Reaktion von Andy, einem Siebzehnjährigen, zeigt seinen Widerstand, seine Angst davor, beurteilt zu werden, und wie er diese Gefühle löste.

Ich spürte einen inneren Widerstand und fühlte mich nicht wohl, wenn ich meine Augen schloß oder mich hinlegte. Deshalb blieb ich einfach wach und dachte über alles Mögliche nach. Ich erinnere mich, daß ich gern meine Augen offenhielt, wenn es dunkel war. Es war angenehm für meine Augen. Meine Beinschiene war unbequem, und mein Bein tat weh. Ich wollte mich bewegen und jemandem, der mich wirklich gern hat, etwas zuflüstern, aber ich habe keine engen Freunde in der Klasse. Ich wollte wie John Wayne sein, aber ich dachte, daß mich alle für einen Blödmann halten würden. Bonnie sah hübsch aus mit geschlossenen Augen, wie ein Gemälde. Es machte mir Spaß, die anderen zu beobachten. Ich fühlte mich stark. Ich erinnerte mich daran, wie ich im Sommer zum ersten Mal mit dem Surfboard auf einer Welle ritt.

Wenn es am Ende der Stunde läutet, bringen wir den Raum für den nächsten Lehrer schnell wieder in seinen ursprünglichen Zustand. Es ist keine ideale Lösung, aber es funktioniert. Lehrer, die eine eigene Klasse haben, benutzen oft Kissen und Räucherstäbchen. Ich unterrichte meine Klassen jeweils zweimal pro Woche fünfzig Minuten lang, und wir machen in jeder vierten Schulstunde eine Phantasiereise. Ich hätte gern mehr Zeit, aber so können wir wenigstens kontinuierlich arbeiten, und die Übungen haben einen Wert. Meine Schüler freuen sich, daß sie Zeit haben, sich zu entspannen und »zu sich kommen können«.

Ich werde oft von Lehrern gefragt, wie sie die Übungen leiten sollen. Ich schließe meine Augen dabei, weil ich mich so am wohlsten fühle. Das ist mein Stil, aber er muß anderen nicht unbedingt zusagen. Viele Lehrer lesen die Übung direkt aus dem Buch vor und achten darauf, langsam zu lesen. Andere Lehrer machen eine Tonbandaufnahme von sich selbst oder verwenden fertige Tonbänder. Benutzen Sie die Methode, die für Sie die beste ist, und experimentieren Sie. Es gibt keine einzig richtige Methode für die Durchführung von Phantasiereisen.

Zu Hause

Jede Familie muß sich einen eigenen Zeitplan für gemeinsame Phantasiereisen aufstellen. Der Sonntagmorgen ist der beste Zeitpunkt für meine Familie, aber wir machen die Übungen nicht jede Woche. Wenn die Kinder größer werden, verbringen sie immer mehr Zeit mit Freunden, beim Sport und mit anderen Aktivitäten. Dies ist einer der Gründe, warum man mit den Phantasiereisen beginnen sollte, wenn die Kinder noch klein sind. Später, wenn sie älter sind, können sie die Übungen selbst weiterführen, besonders in Zeiten, wenn sie verwirrt sind oder Anleitung brauchen.

Mit Katya habe ich eine schöne Erfahrung gemacht. Ich habe sie im Kindergarten mit Phantasiereisen vertraut gemacht und sie dann zwölf Jahre später auf einer Klassenfahrt betreut. Sie erzählte mir, daß die Erfahrung mit Phantasiereisen, die sie als Kleinkind gemacht hatte, es ihr erlaubte, eine starke Verbindung zu ihren Traumsymbolen und zu der geistigen Dimension ihres Lebens aufrechtzuerhalten. Ihre jetzige Meditationspraxis war aus ihren früheren Erfahrungen gewachsen.

Anmerkung für Eltern und Lehrer

Schlagen Sie Ihren heranwachsenden Kindern oder Ihren Schülern vor, daß sie ihre Erfahrungen aus Übung 24 aufschreiben oder zeichnen, wobei sie besonders auf die Landschaft der Insel und auf ihre Beziehung zu ihrem Freund/ihrer Freundin achten sollen. Warum haben sie gerade diesen Menschen gewählt, was bedeutet ihnen diese Freundschaft? Verhalten sie sich diesem Freund gegenüber anders als zu anderen? Diese Übung kann der Beginn einer Diskussion über Freundschaft sein.

Übung 24

Freundschaft auf einer einsamen Insel

Alter: elf bis siebzehn Jahre
Übungsdauer: fünf Minuten
Folgezeit: fünfzehn bis zwanzig Minuten

In dieser Übung werdet Ihr euch einen Freund oder eine Freundin auswählen, mit dem zusammen ihr eine einsame Insel erforscht. Achtet auf das, was ihr an dieser Freundschaft besonders schätzt.

Schließt die Augen und konzentriert euch ganz auf eure Atmung. Holt jetzt dreimal ganz tief Luft und laßt beim Ausatmen alle Anspannung aus eurem Körper. *(Pause)* Gut. Stellt euch jetzt vor, daß euer Körper jedesmal, wenn ihr ausatmet, immer entspannter wird.

Stellt euch vor, daß ihr durch Zeit und Raum auf eine einsame Insel reist, zusammen mit einem Freund, den ihr euch erwählt habt. Ihr beiden seid angekommen und beginnt, diese Insel zu erforschen. Ihr seht die Pflanzen, Tiere und Vögel, spürt das Klima, die Gerüche, Farben, Strukturen und Geschmäcker. Ihr habt diesen Freund aus einem ganz bestimmten Grund als Begleiter gewählt. Was mögt ihr besonders an diesem Menschen? Achtet darauf, wie ihr euch diesem Menschen gegenüber verhaltet. Was schätzt ihr besonders an dieser Freundschaft? Ihr habt drei Minuten Zeit. Es ist all die Zeit, die ihr braucht, um diese Insel gemeinsam zu erforschen. Fangt an. *(Drei Minuten Pause)*
Seht euch jetzt noch ein letztes Mal auf der Insel um, bevor ihr sie wieder verlaßt, achtet auf die Farben, Gerüche, Klänge und die Beschaffenheit der Dinge um euch herum. *(Pause)*
Kommt jetzt langsam wieder in diesen Raum zurück. In einem Augenblick werde ich bis zehn zählen. Zählt mit, wenn ich bei sechs angelangt bin, und öffnet eure Augen bei zehn. Ihr werdet euch erfrischt und hellwach fühlen und euch ganz an die gerade gemachte Erfahrung erinnern.
Eins... zwei... drei... vier... fünf... sechs... sieben... acht... neun... zehn.

Übung 25

Spiegelbild

Alter: zehn bis fünfzehn Jahre
Übungsdauer: zehn Minuten

Schließt die Augen und konzentriert euch ganz stark auf eure Atmung. Achtet nur auf die Luft, die in euren Körper fließt... und die ihr durch eure Nase... ausatmet. Während ihr atmet, stellt euch vor, daß euer Körper mit jedem Ausatmen immer entspannter wird. *(Pause)*

Stellt euch jetzt vor, daß ihr durch einen Wald mit üppiger Vegetation lauft und in der Ferne ein Haus auf einem Hügel seht. Ihr nähert euch dem Haus, dessen Türen geöffnet sind, und geht hinein. Ihr befindet euch in einem großen Zimmer, dessen Wände, Decke und Fußboden nur aus Spiegeln bestehen. Es erklingt Musik, und ihr hört der Musik, die ihr erkennt, genau zu. Ihr nähert euch einer der Spiegelwände und betrachtet euer Spiegelbild. Plötzlich beginnt euer Spiegelbild zu der Musik zu tanzen. Ihr macht mit und folgt eurem Partner, der ihr selbst seid. Ihr habt drei Minuten Zeit. Es ist all die Zeit, die ihr braucht, um diesen Tanz zu erleben. *(Drei Minuten Pause)*

Führt euren Tanz jetzt zu Ende, verlaßt euren Partner und kommt hierher zurück. Ihr erinnert euch an jede eurer Bewegungen und an das, was ihr von eurem Spiegelbild gelernt habt. Ich werde bis zehn zählen. Zählt bitte mit, wenn ich bei sechs angelangt bin, und öffnet eure Augen bei zehn. Ihr fühlt euch dann entspannt und seid hellwach.

Eins... zwei... drei... vier... fünf... sechs... sieben... acht... neun... zehn.

Anmerkung: Diese Phantasiereise ruft bei den meisten Menschen, die daran teilnehmen, den Klang von Musik wach. Wenn dies nicht der Fall ist, können Sie »Frühling« aus den *Vier Jahreszeiten* von Vivaldi spielen. Starten Sie die Platte oder das Tonband, wenn es heißt: »Es erklingt Musik.«

Ich bin ein Held

Ein wunderbares Gefühl der
Liebe kam heute zu mir
und ich folge ihm.
Und ich bin nicht
länger ich selbst,
ich bin ein Geist, ein weises
Wesen aus dem tiefsten
Innern meiner Seele.

Und ich bin die Liebe
selbst. Ich bin die
Großherzigkeit.
Ich bin ein Baum,
ein Graßhalm, ich bin die
Sonne, der Mond und die Sterne.
    Ich bin die Tapferkeit.

    Und ich finde
in mir selbst einen Helden.
Ich bin
    ein Held.

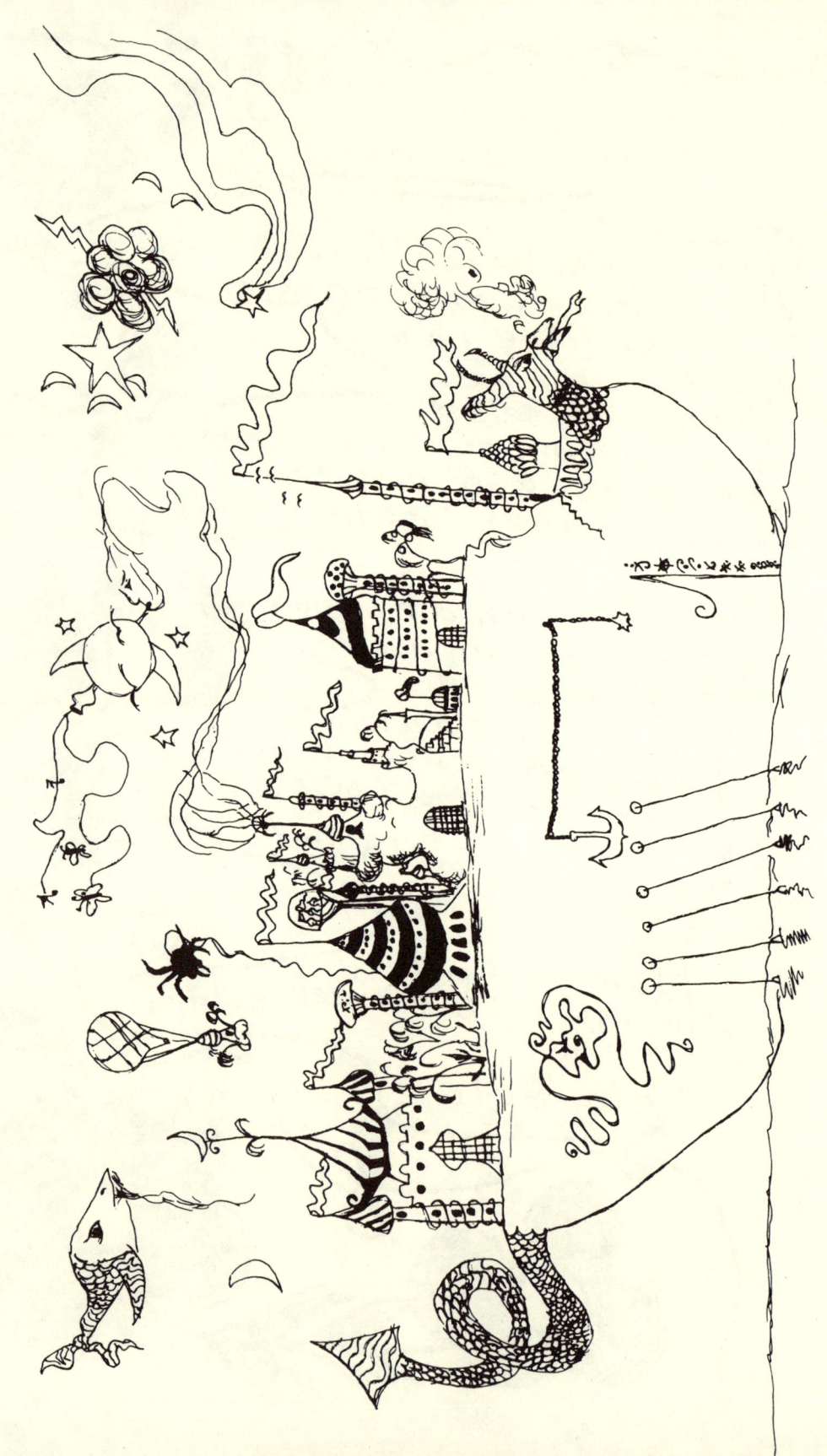

Übung 26

Selbstbejahung

Alter: dreizehn bis achtzehn Jahre
Übungsdauer: fünf bis zehn Minuten
Folgezeit: zehn bis fünfzehn Minuten

Schließt die Augen und konzentriert euch auf eure Atmung. Während ihr langsam durch die Nase oder den Mund ein-... und... ausatmet, werdet ihr immer entspannter. Ihr atmet langsam ein... und... aus, und eure Füße entspannen sich *(Pause)*. Eure Beine entspannen sich *(Pause)*, euer Bauch entspannt sich *(Pause)*, euer Rücken und eure Schultern entspannen sich *(Pause)* und eure Arme und Hände entspannen sich *(Pause)*. Und während ihr langsam und ruhig weiter ein-... und... ausatmet, entspannt sich euer Kopf, und euer Geist kann frei schweben. Ihr entschwebt diesem Raum und gelangt an einen Ort, an dem ihr euch wirklich wohlfühlt. Das kann irgendwo in der Natur sein, ein Ort, den ihr in den Ferien besucht habt, ein Ort irgendwo, an dem ihr euch wohlfühlt. Wenn ihr ankommt, genießt es einfach, dort zu sein. Genießt die warmen Sonnenstrahlen... und atmet die Atmosphäre ein. Fühlt die Wärme der Sonne und spürt, wie euch ein Gefühl der Liebe erfüllt. Seht euch jetzt genau so, wie ihr seid... als Freund *(Pause)*... mit eurer Famile *(Pause)*... mit euch selbst. Seht euch jetzt ganz entspannt bei einer Tätigkeit, die ihr gern tut. Das kann Fußballspielen sein, Eislaufen, Klavierspielen, Zeichnen, Singen, eine Unterhaltung mit Freunden oder ganz einfach Alleinsein. Erlebt nur die Freude darüber, daß ihr ihr selbst seid. *(Pause)* Spürt weiter die Wärme der Sonne und atmet ein Gefühl des Friedens und des Wohlbefindens ein.
(Zwei Minuten Pause)
Jetzt rufe ich euch wieder in die Gegenwart zurück. Nehmt dieses Gefühl des Wohlbefindens mit euch und tragt es den ganzen Tag mit euch herum. Ich werde bis drei zählen. Öffnet dann die Augen, wenn ich bei drei angelangt bin. Ihr seid dann bereit, über eure Erfahrung zu schreiben oder ein Bild zu zeichnen.
Eins... zwei... drei.

Übung 27

Platz schaffen

Alter: dreizehn Jahre und darüber
Übungsdauer: fünfzehn bis zwanzig Minuten

Schließt die Augen und konzentriert euch auf eure Atmung. Achtet darauf, wie die Luft durch eure Nase ein- und ausgeatmet wird, und auf die Geschwindigkeit beim Atmen – sind die Atemzüge flach oder tief, kurz oder lang? Konzentriert euch ganz auf eure Atmung. *(Pause)* In einem Augenblick, aber jetzt noch nicht, werde ich euch bitten, eine Bestandsaufnahme von eurem Körper zu machen und darauf zu achten, an welchen Stellen ihr Spannungen oder Unwohlsein mit euch herumtragt. Eure Aufgabe ist es, euch auf all die Bereiche, die ich nenne, zu konzentrieren und darauf zu achten, wie es sich anfühlt. Wir wollen mit den Füßen beginnen.

Konzentriert euch ganz auf eure Füße, macht euch eure Füße bewußt. Spürt ihr irgend etwas in euren Füßen? Sind sie entspannt... müde?... Achtet darauf, wie sie sich anfühlen. *(Pause)*

Verlagert eure Aufmerksamkeit jetzt langsam auf eure Beine, werdet euch eurer Waden, Knie und Oberschenkel bewußt und achtet darauf, ob ihr in euren Beinen Anspannungen oder Unwohlsein mit euch herumtragt. *(Pause)*

Verlagert eure Aufmerksamkeit jetzt auf den Genitalbereich und den Po, und achtet auf irgendwelche Empfindungen oder Verspannungen in diesem Bereich. *(Pause)*

Verlagert eure Aufmerksamkeit jetzt auf euren Bauch und die Magengrube, und spürt Spannungen und Unwohlsein, die ihr möglicherweise in diesem Bereich mit euch herumtragt. *(Pause)*

Spürt jetzt eure Brust und achtet auf Gefühle von Anspannung oder Unwohlsein, die dort möglicherweise sitzen. *(Pause)*

Verlagert eure Aufmerksamkeit auf euren Rücken und die Schultern und spürt die Anspannungen und mögliches Unwohlsein dort. *(Pause)*

Konzentriert euch jetzt auf eure Arme, Ellbogen, Handgelenke und Hände und achtet darauf, ob ihr in euren Armen und Händen irgendwelche Spannungen spürt. *(Pause)*

Konzentriert euch jetzt ganz auf euren Hals und Kiefer, und seht, ob sich in diesem Bereich Gefühle von Frustration, Wut oder Spannung befinden. *(Pause)*

Verlagert euer Bewußtsein auf eure Gesichtsmuskeln, auf Stirn und Kopf, und achtet dort auf Verspannungen oder Unwohlsein. *(Pause)*

Wir haben jetzt eine Bestandsaufnahme des ganzen Körpers gemacht, wählt jetzt einen Bereich, in dem ihr Anspannung und Unwohlsein mit euch herumtragt. *(Pause)* Gut.

Denkt euch jetzt ein Kästchen aus, in dem ihr alle Bilder, Worte, Menschen, Erinnerungen, Verhaltensweisen und Erwartungen, die in eurem Körper lagern, ablegen könnt.

Stellt dieses Kästchen neben euch. *(Pause)* Sagt jetzt leise zu euch: »Ich könnte mich im Moment richtig wohl fühlen, wenn nicht…« und laßt jedes Bild, jedes Wort, jeden Menschen, jede Erinnerung, jede Erwartung, die in eurem Körper aufbewahrt sind, nacheinander heraustreten. Jedes einzelne Bild, das auftaucht, legt ihr ohne Bewertung oder Erklärung in dem Kästchen ab. Macht dies immer wieder, bis ihr euch Platz geschafft habt. Fangt an. »Ich könnte mich im Moment richtig wohl fühlen, wenn nicht…« *(Drei Minuten Pause)* Legt jetzt den Deckel auf das Kästchen und bittet einen Freund oder Vertrauten, herzukommen und dieses Kästchen und seinen Inhalt so zu vernichten, daß es heilsam für die Erde ist. *(Pause)* Konzentriert euch jetzt wieder auf euren Körper und achtet darauf, wie ihr euch fühlt. Konntet ihr Platz für euch selbst schaffen? Genießt dieses Gefühl. *(Eine Minute Pause)*

Jetzt werde ich bis zehn zählen. Kommt langsam wieder ins volle Bewußtsein zurück. Zählt mit, wenn ich bei sechs angelangt bin, öffnet die Augen bei zehn und fühlt euch entspannt und hellwach.[4]

Übung 28

Das Wiederauffinden von Informationen im Gehirn

Alter: zwölf Jahre und darüber
Übungsdauer: drei bis fünf Minuten

Schüler können diese Übung machen, wenn sie sich auf eine Prüfung vorbereiten. Sie ist ein Mittel, um mit der Erinnerung zu arbeiten.

Schließt die Augen und konzentriert euch auf eure Atmung. Stellt euch vor, daß ihr bei jedem Ausatmen immer entspannter werdet. *(Pause)*

Verlagert eure Konzentration jetzt auf euer Gehirn und werdet euch seines Gewichts, seiner Größe und Kreativität bewußt. Stellt euch das Gehirn als den komplizierten, komplexen Organismus vor, der es ist, und stellt euch vor, wie die Informationen darin pulsieren. *(Pause)* In eurem Gehirn wird alles aufbewahrt, was ihr jemals gehört, gelesen, gelernt, gesehen, getan oder gefühlt habt. Ihr müßt eurem Gehirn nur vorschlagen, daß ihr euch an alles erinnert, was nötig ist, um diese Prüfung erfolgreich zu bestehen. Ihr habt die Möglichkeit, in die Datei zu sehen, in der ihr das Thema aufbewahrt habt, das euer Prüfungsthema ist. Ihr versteht alles, was ihr in dieser Datei findet, und ihr könnt diese Information für euch selbst und zum Nutzen anderer verwenden. In der nächsten Minute könnt ihr einen Dialog mit eurem Gehirn beginnen. *(Eine Minute Pause)*

Jetzt werde ich bis fünf zählen. Öffnet die Augen bei fünf. Ihr fühlt euch dann entspannt und hellwach und könnt euch an alles, was in eurem Gehirn enthalten ist, erinnern.

Eins ... zwei ... drei ... vier ... fünf.

Kapitel 11

Die Suche nach der Identität

In der heutigen Gesellschaft gibt es nur wenige Rituale, die das Ende der Kindheit und den Beginn des Erwachsenseins kennzeichnen. Wir wollen, daß unsere Teenager immer mehr Verantwortung für ihr Leben übernehmen, wenn sie Jobs annehmen, sich einen Freund oder eine Freundin suchen und Schulen wählen, aber wir behandeln sie immer noch wie kleine Kinder. Wir bestrafen sie, indem wir ihnen Vergünstigungen vorenthalten, wenn wir der Meinung sind, daß sie sich nicht wie verantwortungsbewußte Erwachsene verhalten.

Teenager sind Anfänger. Sie stehen vielen Erfahrungen und Problemen Erwachsener zum ersten Mal gegenüber. Plötzlich müssen sie sich mit Fragen beschäftigen, die so mannigfaltig sind wie die Bedeutung der Rolle von Mann und Frau, sexuelle Identität und Aktivität, finanzielle Sorgen, Arbeitssuche, Entscheidungen, welche Schule sie besuchen sollen, wann sie von zu Hause ausziehen und wer sie selbst sind. Zusätzlich verlangen wir, daß sie den Müll hinaustragen und jede Aufgabe zur richtigen Zeit erledigen. Sie brauchen unser vollstes Verständnis, unsere Führung, Geduld und Ermutigung, und natürlich erwarten wir auch ihren Willen zur Zusammenarbeit und ihren Respekt. Oft entsteht daraus ein emotionales Tauziehen.

Um ihre eigene Identität zu finden, lehnen Jugendliche oft die elterliche Autorität oder die anderer ab und suchen Unterstützung und Trost bei ihren Freunden. Bei älteren Jugendlichen (sechzehn bis neunzehn Jahren) verstärkt sich die Suche nach der wahren Identität. Es ist diese Suche, die Eltern und Lehrer in Angst versetzt und sie dazu bringt, Grenzen zu setzen.

Der Jugendliche hat das Bedürfnis, seinen Willen durchzusetzen, um seine eigene Identität zu erkennen, aber er hat auch Angst, die Liebe der Eltern zu verlieren, wenn er dies tut. Es geht dabei um folgende zugrundeliegende Botschaft: »Kann ich es riskieren, mich selbst zu behaupten oder muß ich mich anpassen, damit ihr mich liebt?« Der siebzehnjährige Brett drückt es so aus: »Ich wünsche, daß mein Vater

verstehen könnte, daß ich nur einmal jung bin und experimentieren muß. Ich will nicht, daß er böse wird. Aber ich muß meinen Weg selbst finden.«

Andere Teenager fühlen sich schuldig, weil ihr Ich gespalten ist in das Ich, das sie ihren Eltern und Lehrern zeigen, und das Ich, das mit Freunden unterschiedliche Rollen erforscht. Der achtzehnjährige Tim sagt: »Ich wünsche mir, daß meine Eltern wissen, wer ich wirklich bin. Sie glauben, daß ich so wohlerzogen bin.« Wir Eltern sind genauso verwirrt wie unsere Kinder. In einem Moment wollen wir sie festhalten, und dann können wir es wieder nicht abwarten, sie loszulassen. Ich beobachtete an mir selbst, wie ich meinem Sohn immer mehr Beschränkungen auferlegte, als er sich darauf vorbereitete, aufs College zu gehen. Während seines letzten Schuljahres versuchte ich, ein immer früheres Ausgehverbot auszusprechen, bis Brendan mich darauf hinwies, daß er schon in der neunten Klasse hatte länger ausgehen dürfen! Ich erkannte, daß ich mir nicht nur darüber Sorgen machte, daß er und seine Freunde sehen wollten, wie weit sie gehen konnten, sondern auch darüber, daß er erwachsen wurde und von seiner Familie wegziehen würde.

Eine abhängige Beziehung aufzugeben und einen neuen Weg zu finden, der auf Unabhängigkeit basiert, ist die Aufgabe sowohl des älteren Jugendlichen als auch seiner Eltern und Lehrer. Und das ist nicht leicht. Es ist eine Zeit der gemischten Gefühle, die sie mit dem Erwachsenwerden verknüpfen, gemischt mit der Angst, die Sicherheit und Geborgenheit des elterlichen Heims aufzugeben. Die Eltern fragen sich, ob sie ihrem Sohn oder ihrer Tochter all die »richtigen« Werte mitgegeben und sie ausreichend auf das Leben vorbereitet haben. Die Lehrer machen sich Sorgen darüber, ob sie die Schüler ausreichend auf das Studium oder die Arbeitswelt vorbereitet haben. Auch Eltern und Lehrer müssen sich mit Gefühlen des Verlusts auseinandersetzen, wenn der Jugendliche heranreift und aus ihrem täglichen Leben verschwindet.

Es ist eine schwierige Zeit für den Erwachsenen, der sich nicht bewußt ist, daß der Jugendliche eine gewisse Distanz gewinnen muß. Die Erwachsenen fühlen sich oft zurückgewiesen, hilflos und ungeliebt und fragen sich, was aus der liebevollen Beziehung zwischen Kind und Erwachsenem geworden ist. Denken Sie immer daran, daß dies eine für die Entwicklung notwendige Phase ist, die nicht ewig dauert. Je mehr Raum Sie Ihren Kindern geben, damit sie ihre eigene Identität finden können, desto mehr werden sie Sie – zur gegebenen Zeit – daran teilhaben lassen.

Überidentifizierung

Teenager werden oft von einer bestimmten Sache völlig gefangen genommen und tragen Scheuklappen gegenüber allem, was außerhalb dieses Bereiches liegt. Dies kann Musik sein, Mode, Beziehungen zum anderen Geschlecht, ihr Körperbild, Sport oder ein Glaubenssystem. Das ist an sich nicht verkehrt, es kann sogar sehr positiv sein, denn wenn wir uns mit der Wahrheit identifizieren, integrieren wir diese Qualität in unser Leben. Diese Identifikation kann jedoch andere Gefühle, andere Empfindungen oder Gedanken blockieren, wenn sie bis zum Extrem betrieben wird.[1]

Jugendliche halten hartnäckig an ihrer Identität fest, daran, wie sie sich selbst sehen und wie sie von anderen gesehen werden wollen. Bisweilen veranlaßt die Intensität ihrer Gefühle und Ideen sie, sich aus einem sehr begrenzten Blickwinkel zu betrachten, und so werden sie dann auch von anderen gesehen. Wir müssen ihnen beibringen, ein Stück zurückzutreten und sich aus der richtigen Perspektive zu betrachten. Eine Übung, die dabei behilflich sein kann, ist »Zuflucht« (Übung 30).

Sie gibt jungen Leuten die Möglichkeit umzuschalten, nach innen zu gehen, an einen Ort, der sicher und frei von der Intensität ihrer jugendlichen Gefühle ist, und ein ruhiges Zentrum zu finden, ein Gefühl des inneren Friedens.

Der siebzehnjährige Alex schreibt:

Ich ging zu dem Labyrinth in Ojai und blickte ins Tal hinunter und auf den Ozean, der immer eine Quelle der Ruhe für mich ist. Er schien sehr gewaltig und nah, aber aus der Entfernung besänftigen mich seine Größe und Ruhe. Es war schwierig, den richtigen Ort zu finden. Zuerst habe ich mein Zimmer gewählt, aber dort lenkt mich zuviel ab. Dann kehrte ich an den Ort eines großartigen Traumes zurück, den ich letzte Nacht hatte, aber ich konnte dort keine schöpferischen Gedanken fassen, weil mein Verstand immer wieder zu dem Traum zurückkehrte. Ich spürte den Herbstwind und roch die Bäume.

Eine andere Übung, mit der man Gefühle erkennen und ausdrücken kann, anstatt sich mit ihnen zu stark zu identifizieren, heißt Wetterbericht. Bitten Sie Ihr Kind oder Ihre Schüler, einen großen Kreis zu zeichnen und ihn in vier Viertel aufzuteilen. Fragen Sie sie, was für Gefühle sie in diesem Augenblick haben – im geistigen, emotionalen und körperlichen Bereich. Sie schreiben dann ein Gefühl in jedes Viertel, wählen zwei oder mehr Empfindungen aus und erklären sie.

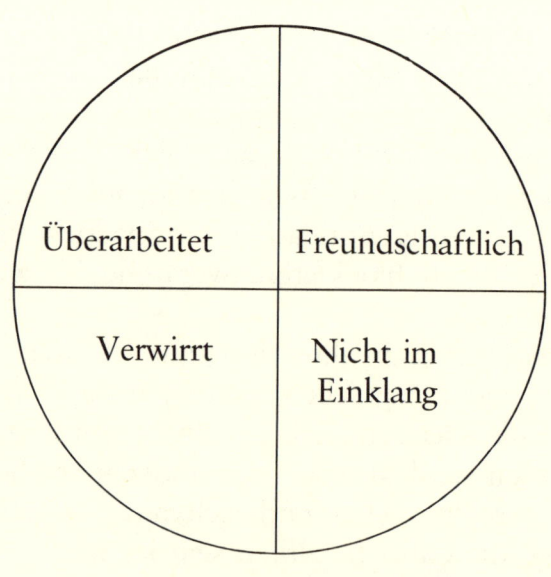

Unten schreiben sie auf das Blatt Papier: »Ich fühle mich… weil…« und erklären, wie sie sich fühlen oder warum das so ist. Dies ist ein Beispiel des sechzehnjährigen David:

Ich fühle mich überarbeitet, weil ich nicht alle meine Hausaufgaben schaffe, wenn ich gleichzeitig genug Schlaf bekommen will. Und meine persönlichen Beziehungen leiden darunter, weil ich keine Zeit für sie habe.
Ich fühle mich verwirrt, weil meine Schwester nach Hause kommt. Als ich sie das letzte Mal sah, merkte ich, daß es in unserer Beziehung viele negative Dinge gibt, und da möchte ich nicht wieder hineingeraten.
Ich fühle mich freundschaftlich, weil ich in diesem Jahr neue Freunde gewonnen habe. Die Leute mögen mich und akzeptieren mich mehr, als ich es erwarten würde. Ich bin glücklich.
Ich bin nicht im Einklang mit mir selbst, weil mein Körper so voller sexueller Energie ist, daß ich nicht weiß, was ich tun soll.

Indem er diese Gefühle ausdrückt, lernt der Jugendliche, sie zu akzeptieren, sie aufzunehmen und sie zu verstehen, so daß sie nicht länger sein Leben bestimmen. So erkennt er auch, daß er zur gleichen Zeit sich widersprechende Gefühle haben kann. David fühlt sich freundschaftlich, aber gleichzeitig verwirrt wegen der Gefühle, die er seiner Schwester gegenüber hegt. Wenn wir unsere Gefühle identifizieren, können sie unser Verhalten nicht mehr so leicht kontrollieren.

Die Suche nach dem Sinn

Jugendliche leiden stark unter dem Zustand der Welt und nehmen es den Älteren übel, daß sie uns in diese schlimme Lage gebracht haben. Oft machen sie eine existenzielle Krise durch und drücken sie durch Verzweiflung aus: »Was für einen Sinn hat das Leben überhaupt? Was soll das Ganze? Egal, was ich tue, wir werden doch eines Tages in die Luft gejagt.«
Ich arbeitete als Beraterin mit jugendlichen Drogenabhängigen in der Zeit, als Robert Kennedy und Martin Luther King erschossen wurden. Ich war tief berührt von den Reaktionen dieser Jugendlichen auf die Morde und von ihrem Gefühl, daß alles außer Kontrolle war und sie nichts daran ändern konnten. »Was würde es schon ändern, wenn ich keine Drogen mehr nehme, wenn Menschen wie Martin Luther

King getötet werden, der so hart dafür gearbeitet hat, daß es den Menschen besser geht? Welche Chancen habe ich denn, in der Welt irgend etwas zu bewirken?«

Unsere Aufgabe als Eltern und Erzieher ist es, unseren Kindern ein Verständnis für unsere positiven Möglichkeiten im Leben zu vermitteln und ihnen die Hoffnung zu geben, daß sie eine Veränderung bewirken können. Viele ältere Jugendliche stellen ihre Beziehung und Verantwortung dem Universum gegenüber in Frage und mißtrauen den Launen von Lebensumständen, die außerhalb ihrer Kontrolle liegen. Sie stellen Fragen wie: »Wird unser Schicksal von einer Macht von außen kontrolliert, oder üben wir selbst die Kontrolle aus?« »Ist das Universum etwas, vor dem wir Angst haben müssen?« »Gibt es einen Geist, eine Gottheit oder einen Ursprung außerhalb, und was bedeutet das für unser Leben?«

Diese existenziellen Fragen Heranwachsender können angesprochen werden, wenn wir über unser »kleines Ich« in den transpersonalen Bereich hinaussehen. Dazu zählt eine Suche nach dem Sinn, eine Suche nach Werten und eine tiefere Verbindung mit dem wahren Selbst.

Diese Erforschung des Ichs kann als ein Gefühl von »Einssein« mit der Natur oder anderen Lebewesen erfahren werden. Schüler aus meiner Abschlußklasse haben dies so beschrieben: »Wenn meine Maske abgenommen wird, fällt meine Abwehr, und ich erkenne, daß wir, du und ich, eins sind. Es gibt keine Trennung. Du hast dieselben Ängste, dieselben Wünsche und dieselben Bedürfnisse wie ich.«

Es wird von Läufern oder Skifahrern als »Gipfelerfahrung« beschrieben, wenn sie mit ihrer Umgebung eins werden und die Bewegung mühelos wird. Diese innere Erkenntnis, daß Umgebung und Ich harmonisch zusammenwirken, läßt vor dem Mißbrauch der Natur oder anderer Lebewesen zurückschrecken und ermutigt die Entwicklung eines planetaren Bewußtseins. John Muir drückte es so aus: »Wenn man eine Blume herausreißt, entdeckt man, daß sie mit dem ganzen Universum verwurzelt ist.«

Die Suche nach einer tieferen Verbindung mit dem Ich hilft älteren Jugendlichen, ihre eigene, innere Weisheit zu erkennen und zu entdecken, daß sie alle Antworten in sich haben, wenn sie sich die Zeit nehmen, sich zu konzentrieren, die Seele zu besänftigen und zuzuhören. Der »Freund im Innern« (Übung 16) ermutigt die Teilnehmer, ein weises Wesen in ihrem Innern zu finden, das sie anleitet, unterstützt und Antworten auf persönliche Fragen bereithält. Der folgende Bericht ist eine Reaktion auf diese Übung von Erinn, siebzehn Jahre alt.

Mein Geist war eher wie ein Gefühl, ein Schutz, der mich umgab. Er führte mich in eine Höhle, die von Kristallen umgeben war, und ich hatte ein sehr intensives Gefühl. Tränen liefen mir übers Gesicht, so als ob ich mich fallen ließe. Ich wollte meinen Geist festhalten und Trost suchen, aber mein Geist war kein Objekt, obwohl ich ihn fühlen konnte. Ich brauchte etwas, an dem ich mich zur Sicherheit festhalten konnte, ich griff nach einem Kristall und hielt ihn fest. Ich spürte, daß mein Geist einen Teil seiner selbst an den Kristall abgegeben hatte. Mein Geist sagte mir, daß ich die Angst vor meiner Unfähigkeit aufgeben sollte. Er sagte auch, daß ich meiner Mutter mutig gegenübertreten und mich ihr widersetzen solle, weil ich immer zuviel gebe, statt zu empfangen. Ich bin die Mutter meiner Mutter und meines Bruders, und mein Geist sagte mir, daß ich zuviel Verantwortung trage. Er sagte mir, daß ich manchmal wie ein Kind handeln müsse, um Spannungen herauszulassen.

Diese Art des inneren Dialogs kann den Teilnehmern helfen, Spannungen zu lösen, ein neues Selbstvertrauen und Selbstannahme zu gewinnen und zu erkennen, daß sie nicht allein auf der Welt sind. Sie kann dem Jugendlichen auch eine konkrete Erfahrung des transzendentalen Bereiches geben und einen Ausgangspunkt für tiefergehende Untersuchungen. Der achtzehnjährige Matt schrieb:

Das Zusammentreffen mit meinem Verbündeten hat mich tief berührt; obwohl ich diese Möglichkeit vorher nie in Betracht gezogen habe, bin ich jetzt auf dem Weg, an etwas zu glauben. Ich glaube vielleicht nicht an eine Macht von außen, aber ich glaube an das Bewußtsein dieses ganzen, wunderschönen Organismus, den wir Mutter Erde nennen. Es berührt mich tief, und ich will dort weitermachen. Nicht daran weiterzuarbeiten, wäre meinem Verbündeten und mir selbst gegenüber ungerecht.

Das innere Kind und das erweiterte Ich

Bevor man sich von der Jugendzeit verabschiedet und sich mit blindem Glauben ins Erwachsensein wagt, ist es hilfreich, zu seinem inneren Kind Kontakt aufzunehmen, um unsere Verbindung mit der Zukunft und die Verantwortung ihr gegenüber zu verstehen. Wir erinnern uns daran, wer wir sind, wenn wir die Möglichkeit haben, die Liebe und das Angenommensein wiederzuerleben, die wir als Kind erfahren oder vermißt haben. Es hilft uns, wenn wir wissen, woher wir kommen, und durch Phantasiereisen können wir jedes behindernde Verhalten heilen, das seinen Ursprung in der Kindheit hat.

»Das innere Kind« (Übung 32) kann Jugendliche an das Geheimnis, das Wunder und die Schönheit des Lebens erinnern und an die Neugier, die Freiheit und die Kreativität der Kindheit. Ein Traum aus der Vergangenheit kann neu belebt, eine Beziehung verstanden und geheilt werden; ein Hindernis in der Persönlichkeit bietet sich vielleicht zur Lösung an. Damit wir unser ganzes Potential erkennen, muß jeder die Vergangenheit bewältigen, aus ihr lernen und einschätzen können, wie jeder Teil unserer persönlichen Geschichte unsere kollektive Gegenwart und Zukunft beeinflußt.

Wir bestehen aus mehr als nur unserem Körper, unserem Geist und unseren Emotionen, persönlichen Bedürfnissen und Träumen. Wir haben eine höhere, transzendentale Natur und gehören zu einer Art, die sich langsam zur Ganzheit hin entwickelt. Das kleine Kind ist noch nicht von dem transzendentalen Ich getrennt, aber der Jugendliche wird auf der Suche nach der rationalen und intellektuellen Erkenntnis der Welt von seiner geistigen Natur isoliert. Phantasiereisen stellen eine wichtige Möglichkeit für Jugendliche dar, die Zweigeteiltheit von Geist und Herz zu heilen.

Es ist möglich, einen Blick in die Zukunft zu werfen, den Sinn seines eigenen Platzes im Ganzen durch Kontakt mit dem erweiterten Ich zu erkennen. Das erweiterte Ich ist der Teil des Ichs, das seine Möglichkeiten schon voll ausgeschöpft hat, der Entwurf, der schon verwirklicht wurde. »Das erweiterte Ich« (Übung 33) kann eine Einsicht geben, die die Haltung von Jugendlichen sich selbst und der Welt gegenüber ändern kann. Danach können sie die Realität auf andere Weise sehen, das Leben von einer neuen Perspektive aus einschätzen und die Angst vor der Zukunft verlieren.

Mein eigener Besuch bei meinem erweiterten Ich war eine Quelle der Schönheit, Anregung und Kraft, besonders in Zeiten, in denen ich von Selbstzweifeln geplagt wurde.

Eine alte Frau kam lächelnd auf mich zu, die weißen, geflochtenen Zöpfe waren auf ihrem Kopf festgesteckt. Mein erster Eindruck von ihr war ihre Stärke. Sie berührte mein Gesicht mit ihren starken, faltigen Händen. Ich spürte das tiefe Mitleid in ihren Augen mehr, als daß ich es sah. Ich sah mich in ihrem Zimmer um, das eine hohe Decke hatte und Wände aus weißen Ziegeln. Alles war sehr einfach. An einer Wand hing ein Wandteppich in gedämpften Tönen, den sie selbst auf ihrem Webrahmen gewebt hatte. Sie zeigte mir durchsichtige, hauchdünne Keramiken, die sie gerade gebrannt hatte. Sie glühten. Sie benutzte einen uralten alchemischen Prozeß. Die Keramiken waren so zerbrechlich wie Eierschalen, zart und doch gleichzeitig stabil, genau wie das Gleichgewicht, das wir alle haben müssen, um durchs Leben zu gehen. Die alte Frau drückte mich an sich und sagte, daß noch viel zu tun sei. Sie zeigte mir Gruppen von Menschen, die draußen in Kreisen standen und warteten. Sie waren wie die Wellenringe, die entstehen, wenn man einen Stein ins Wasser wirft. Als ich ging, legte sie einen kleinen weißen Stein in meine Hand. Ich fühlte noch immer ihre Hand auf meiner Wange, als ich zurückkam.

Wenn es tatsächlich wahr ist, daß wir anderen beibringen, was wir selbst noch lernen müssen, muß ich noch weiter lernen, mich zu konzentrieren, meinen Körper zu entspannen und meinen Geist von den täglichen Ablenkungen zu befreien. Ich muß mich selbst weniger ernst nehmen und weiter in das Reich der Weisheit und des allumfassenden Wissens vordringen, wo Hoffnung, Harmonie und kosmische Einheit sind. Dies ist nur der Anfang. Bedenken Sie, daß wir lehren, wer wir selbst sind, und wenn wir diese Übungen mit unseren Kindern, Schülern, Familien und anderen Erwachsenen machen, werden wir alle wie Kinder, die das Wunder, das Geheimnis und die Freude an allem wieder für sich gewinnen.

Übung 29

Welle

Alter: fünf Jahre und darüber
Übungsdauer: fünf Minuten

Während ihr ein-... und... ausatmet, sollt ihr euch vorstellen, daß ihr euch auf einer Meereswelle befindet, die auf... und... nieder... geht. Ihr befindet euch in Sicherheit, denn ihr liegt entweder auf eurem Rücken im Wasser oder auf einem Floß oder Surfboard, oder ihr sitzt in einem Segelboot und werdet sanft vom Meer hin- und hergeschaukelt. Und während ihr euch immer weiter auf... und... nieder... hin... und... zurück... bewegt, spürt ihr, wie euch die Wärme der Sonne entspannt, und ihr spürt den sanften Hauch des Ozeans. Vielleicht bemerkt ihr die Farbe des Himmels, den Geruch der Seeluft und das Schreien der Vögel über euch. Ihr verspürt in eurem ganzen Körper ein Gefühl der Ruhe, während ihr die leise schaukelnde Bewegung der See fühlt. Spürt, wie ihr umhegt und bestärkt werdet.
(Eine Minute Pause)
   Jetzt ist es an der Zeit zurückzukommen. Ich werde bis drei zählen, und wenn ihr bereit seid, könnt ihr langsam eure Augen öffnen.
   Eins... zwei... drei.

Übung 30

Zuflucht

Alter: fünfzehn Jahre und darüber
Übungsdauer: zehn Minuten
Folgezeit: fünfzehn Minuten

Schließt die Augen und konzentriert euch ganz auf eure Atmung. Spürt ihr, wie die Luft durch eure Nase ein- und ausströmt? Stellt euch dabei vor, daß sich euer Körper bei jedem Ausatmen immer mehr entspannt. *(Pause)* Gut. Stellt euch jetzt vor, daß ihr euch auf einer Reise durch Zeit und Raum zu einem Ort befindet, der eure Zuflucht sein wird. Dieser Zufluchtsort ist ganz sicher, er ist einfach, aber wunderschön. Er kann sich irgendwo in der Natur befinden, in den Bergen oder an der See, es kann euer Zimmer zu Hause sein oder irgendein anderer Ort, den ihr wählt und an dem ihr euch sicher und geborgen fühlt. Macht euch jetzt auf den Weg dorthin und erfahrt die Farben, Strukturen, Gerüche, Klänge, Geschmäcker und die Gefühle, die euer Körper dort hat. Ihr habt mehrere Minuten Zeit. Es ist all die Zeit, die ihr braucht, um euch an eurem Zufluchtsort zu entspannen. *(Drei Minuten Pause)*

Jetzt ist es an der Zeit, hierher zurückzukehren. Ihr bringt ein Gefühl der Sicherheit und der Geborgenheit mit zurück, das ihr dort an eurem Zufluchtsort erfahren habt. Ihr seid jetzt bereit, darüber zu schreiben oder ein Bild anzufertigen. In einem Augenblick werde ich bis fünf zählen. Öffnet die Augen, wenn ich bei fünf angelangt bin, und ihr werdet entspannt und hellwach sein.

Eins... zwei... drei... vier... fünf.

Anmerkung: Während dieser Übung können Sie entweder *Sojourn: Music of the Spirit for Piano and Orchestra* oder *Gymnosphere: Song of the Rose* spielen.

Reaktionen auf die Übung »Zuflucht«

Mein Zufluchtsort ist eine umzäunte Lichtung, umgeben von Palmen und anderen Pflanzen. Ein Fluß fließt durch die Lichtung. Auf großen Steinen an diesem Fluß kann man sich ausruhen. Es ist sehr still, man hört nur die Vögel singen und das Rauschen des Flusses. Auf der anderen Flußseite, gegenüber vom Ruheplatz, befindet sich eine kleine Pagode aus Stein. Mein Freund, der Fuchs, liegt neben mir auf der Seite. Wir spüren einen kühlen Lufthauch. Der blaue Himmel ist sichtbar, man sieht nur einige weiße, klare Federwolken über der Lichtung zwischen den Bäumen. Alles erscheint wie eine perfekte Verbindung von Natur und einem von Menschen geschaffenen Garten. – *Matt, achtzehn Jahre alt*

Anmerkung für Eltern

Übung 31 kann eine Diskussion über die Geburt einleiten und darüber, wer bei der Geburt anwesend war. Konzentrieren Sie sich dabei auf das aufregende Gefühl während der Geburt und nicht so sehr auf die Schwierigkeiten des Geburtsprozesses. Einige Kinder und Jugendliche können sich genau an ihre Geburt und an die Verwandten oder Nachbarn erinnern, die ihre Ankunft zu Hause begrüßten.

Anmerkung für Lehrer

Diese Übung eignet sich besonders für Abschlußklassen und Schüler, die bald ihr Elternhaus und die Schulgemeinschaft verlassen. Während der Phantasiereise können sie die Bindung an einen Elternteil, an Großmutter oder Großvater erfahren, an einen Verwandten oder Freund, den sie vielleicht schon mehrere Jahre lang nicht gesehen haben. Es können viele Emotionen ausgelöst werden. Die Teilnehmer erfahren, daß sie als Neugeborene etwas ganz besonderes waren, und sie können freier über ihre Ängste und Erwartungen in bezug auf ihr zukünftiges Leben sprechen, wenn sie, von ihren Eltern und Freunden getrennt, ein Studium beginnen oder anfangen zu arbeiten. Sie können auch ein Gefühl für ihre eigene Leistungsfähigkeit bekommen und dafür, was sie mit ihrem Leben anfangen wollen.

Übung 31

Erkennen der Leistungsfähigkeit

Alter: siebzehn Jahre und darüber
Übungsdauer: zehn Minuten
Folgezeit: fünfzehn bis zwanzig Minuten

Schließt die Augen und konzentriert euch ganz auf eure Atmung. Fühlt, wie ihr die Luft mit eurer Nase ein- und ausatmet. Stellt euch vor, daß euer Körper bei jedem Ausatmen immer entspannter wird. Heute werden wir eine Reise zurück in der Zeit unternehmen. (Wir gehen dabei siebzehn oder achtzehn Jahre zurück), zu der Zeit gleich nach eurer Geburt. Eure Eltern haben euch nach Hause gebracht, und ihr liegt in eurem Bettchen, eurer Wiege oder Tragetasche und hört die Stimmen von geliebten Menschen um euch herum. Sie sind so glücklich, daß ihr da seid, denn sie haben sehr lange auf eure Ankunft gewartet. Ihr seht euch als kleines Baby mit glatter Haut und winzigen Händen und Füßen und achtet auf die Farben, Formen und Klänge um euch herum. Irgend jemand – vielleicht eure Mutter, euer Vater, Großmutter, Großvater oder ein Freund – hebt euch sanft aus eurem Bett und stützt euren Kopf und Körper. Dieser Mensch drückt euch nah an sich, und ihr fühlt euch geborgen, ganz sicher und umhegt. Dieser Mensch erzählt euch jetzt, wie sehr er euch liebt, und heißt euch in diesem Leben willkommen. Ihr habt drei Minuten Zeit. Es ist all die Zeit, die ihr braucht, um diesem Menschen zuzuhören, seine Nähe zu spüren und eure eigene Leistungsfähigkeit kennenzulernen. Fangt an. *(Drei Minuten Pause)*
 Laßt dieses Bild jetzt langsam wieder los und kehrt zurück in die Gegenwart. Bringt die Erkenntnis darüber, wer ihr seid, mit euch zurück und das Gefühl der Liebe und Unterstützung, die ihr erfahren habt. Ich werde bis zehn zählen. Wenn ich bei sechs angelangt bin, könnt ihr mitzählen und eure Augen bei zehn öffnen. Ihr fühlt euch dann entspannt und seid hellwach.
 Eins ... zwei ... drei ... vier ... fünf ... sechs ... sieben ... acht ... neun ... zehn.

Das innere Kind und das erweiterte Ich[2]

Tief in unserem Innern lebt noch immer das kleine Mädchen oder der kleine Junge, das Wesen, das sich noch nicht bewußt geworden ist, daß es erwachsen ist. Im Innern lebt auch das erweiterte Ich, das Ich, das seine Möglichkeiten voll ausgeschöpft hat, das weise Wesen des Menschen. In den folgenden Übungen sollen die Teilnehmer zu ihrem inneren Kind und zu dem erweiterten Wesen Kontakt aufnehmen und von der Neugier und dem Staunen des Kindes und von der Weisheit und Kenntnis des Älteren lernen. Sie haben die Möglichkeit, mit Ihrem inneren Kind Freundschaft zu schließen, so daß all die Verhaltensmuster oder Behinderungen geheilt werden, die Sie in Ihrer Kindheit vielleicht gelernt haben.

Anmerkung für Eltern und Lehrer

Geben Sie Jugendlichen zehn bis fünfzehn Minuten Zeit, um über Übung 32 zu schreiben oder eine Zeichnung anzufertigen, bevor Sie über die Arbeiten diskutieren. Möglicherweise durchleben sie viele verschiedene Emotionen – Traurigkeit oder Glück bei der Erinnerung an den kleinen Jungen oder an das kleine Mädchen, das sie zurückgelassen haben, Erinnerungen an Freiheiten, Freuden und Neugier oder den Wunsch, wieder jung zu sein. Für einige kann es heilsam sein, wenn sie für ihr inneres Kind sorgen konnten. Geben Sie den Teilnehmern soviel Zeit wie möglich, diese Erfahrungen zu besprechen, bevor Sie zum nächsten Teil der Übung übergehen. Wenn Sie nicht genug Zeit haben, können Sie den zweiten Teil vielleicht in der nächsten Sitzung durchführen.

Übung 32

Das innere Kind

Alter: fünfzehn Jahre und darüber
Übungsdauer: zehn bis fünfzehn Minuten
Folgezeit: fünfzehn Minuten

Schließt die Augen und achtet darauf, wie ihr durch eure Nase ein- und ausatmet. Während ihr euch ganz auf eure Atmung konzentriert, kann sich euer Körper ganz entspannen. Mit jedem Ausatmen wird euer Körper immer entspannter. Bereitet euch jetzt darauf vor, euer Kind zu begrüßen, wenn es zum Vorschein kommt. Es kann fünf, acht oder zehn Jahre alt sein, je nachdem welches Alter zutrifft. Es kann sein Alter auch bei jedem Besuch ändern. Öffnet eure beherrschende Hand (die Hand, mit der ihr schreibt), um die Hand des kleinen Mädchens (Jungen) festzuhalten, wenn es oder er eintrifft, und fühlt diese Hand in eurer Hand. In wenigen Augenblicken wird euer Kind auftauchen. Kümmert euch um das Kind, wenn es hervortritt, aber überlaßt ihm die Führung. Seid der ältere Freund des Kindes, nach dem es immer verlangt hat. Wenn es euch zu seinem Versteck mitnehmen will, zum Zoo oder in sein Zimmer, um mit euch zu spielen, so geht mit. Vielleicht möchte es mit euch sprechen oder bittet euch darum, in den Arm genommen zu werden. Kümmert euch um seine Bedürfnisse und Wünsche und lernt, was es euch lehren will. Ihr habt fünf Minuten Zeit. Es ist all die Zeit, die ihr braucht, um sie mit eurem Kind zu verbringen. *(Fünf Minuten Pause)*

Jetzt ist es an der Zeit, euch für heute zu verabschieden. Bedankt euch bei eurem Kind für die Zeit, die ihr miteinander verbracht habt und sagt, daß ihr bald zurückkehren werdet. *(Pause)*

Gleich werde ich bis zehn zählen. Zählt mit, wenn ich bei sechs angelangt bin und öffnet die Augen bei zehn. Ihr seid ganz entspannt und hellwach und bereit, den Besuch eures Kindes zu beschreiben.

Eins... zwei... drei... vier... fünf... sechs... sieben... acht... neun... zehn.

Anmerkung für Eltern und Lehrer

Geben Sie Jugendlichen etwa zehn bis fünfzehn Minuten Zeit, um über Übung 33 zu schreiben oder eine Zeichnung anzufertigen, und sprechen Sie dann darüber. Viele Jugendliche sind überrascht von dem lebendigen Bild ihres erweiterten Ichs. Sie fühlen sich wiederbelebt und rufen dieses »weise Wesen«, wenn sie verwirrt sind oder wenn sie wichtige Entscheidungen treffen müssen.

Übung 33

Das erweiterte Ich

Alter: fünfzehn Jahre und darüber
Übungsdauer: zehn bis fünfzehn Minuten
Folgezeit: fünfzehn Minuten

Schließt die Augen und spürt, wie ihr durch die Nase ein- und ausatmet. Stellt euch jetzt vor, daß sich euer Körper beim Ausatmen immer mehr entspannt. In dieser Übung ruft ihr euer erweitertes Ich aus der Zukunft zu euch, das Ich, das seine Möglichkeiten und seine Weisheit voll ausgeschöpft hat. Öffnet wieder eure beherrschende Hand, um das weise Wesen zu begrüßen. Fühlt seine Haut. Nehmt Kontakt zu ihm auf, wenn es auftaucht, lernt von seinen Lebenserfahrungen und von seiner Weisheit. Achtet auf die Umgebung, die es euch zeigt, auf die Farben, Klänge, Gerüche und Geschmäcker. Ihr habt fünf Minuten Zeit. Es ist all die Zeit, die ihr braucht, um mit eurem erweiterten Ich zusammen zu sein. Fangt an. *(Fünf Minuten Pause)*

Bringt jetzt euer erweitertes Ich und euer kleines Kind zusammen. Ihr drei setzt euch jetzt gemeinsam hin: Euer erweitertes Ich gibt euch Halt, und ihr gebt eurem Kind Halt. Spürt die Einheit zwischen euch Dreien, die Liebe und Weisheit und Macht aller Aspekte eures Ichs. *(Eine Minute Pause)*

Entlaßt jetzt euer Kind und das erweiterte Ich wieder in die Dimension von Zeit und Raum. Ihr könnt sie jederzeit wieder rufen, und sie werden euch jederzeit zur Verfügung stehen. *(Pause)*

Werdet euch jetzt bewußt, wer ihr in eurer Ganzheit seid. Gleich werde ich bis zehn zählen. Öffnet eure Augen bei zehn. Ihr fühlt euch dann entspannt und hellwach und seid bereit, euer Erlebnis aufzuzeichnen.

Anmerkungen

Kapitel 1:
Unsere Kinder einmal anders gesehen

1. Peter Russel: *The Brain Book;* Hawthorne Books, New York, 1979, Seite 56
2. Michael Grady und E. Lueche: *Education and the Brain;* Phi Delta Kappa, Educational Foundation, 1978
3. Russel, Seite 159
4. Houston, Jean: »Consider the Stradivarius«, *Dromenon* 1, No. 5–6 (Februar 1979), Seite 41
5. Russel, Seite 133

Kapitel 4:
Mit allen Sinnen lernen

1. Vergleiche Grinder, John/Bandler, Richard: *Therapie in Trance. Hypnose: Kommunikation mit dem Unbewußten. Neurolinguistische Programme;* Klett-Cotta Verlag, Stuttgart, 1988 (3. Auflage)
2. Dies ist eine für Kinder veränderte Übung von Jean Houston: »Left Brain, Right Brain« (Linke und rechte Gehirnhälfte) aus dem Buch Masters/Houston: *Bewußtseinserweiterung über Körper und Geist.*
3. Dies ist eine für Kinder veränderte Übung von Jean Houston: »Cleansing the Rooms of Perception«, die in den einführenden Workshops »New Ways of Being« verwendet wird. Informationen über die Arbeit von Dr. Houston erhalten Sie unter folgender Adresse: Box 600, New York, N.Y. 10970.

Kapitel 5:
Verbales kontra nonverbales Lernen

1. Victor Goertzel and Mildred G. Goertzel: *Cradles of Eminence;* Little, Brown, Boston, 1962, Seite 251

Kapitel 6:
Förderung der Geschicklichkeit durch Phantasiereisen

1. Zitiert in: Ostrander, Sheila/Schroeder, Lynn: *Leichter lernen ohne Streß – Superlearning;* Scherz Verlag, München, 1981, Seite 159
2. Ibid., Seite 158
3. Dies ist eine für Kinder veränderte Übung von Jean Houston, die sie in ihren »New Ways of Being«-Workshops verwendet hat.
4. Ibid.

Kapitel 7:
Wie man sich leichter selbst ausdrückt

1. *New Strategies in Indian Education: Utilizing the Indian Child's Advantages in The Elementary Classroom;* Ministry of Education, Special Education Division, Indian Education Branch, Province of British Columbia, Canada, February 2–20, 1981

Kapitel 8:
Ein positives Selbstbild

1. *Year End Report: Awareness and Communication throughout the School;* an ESEA IV-C Project, Los Angeles City Schools, 1981–1982. In den Akten des *Center for Integrative Learning,* 450 West Avenue, No. 14B, New York, NY 10024.
2. *Year End Report: Confluent Language Program for K-3 NES/LES Students;* an ESEA IV-C Project, Los Angeles City Schools, 1978–1981. In den Akten des *Center for Integrative Learning* (siehe Anmerkung 1).
3. Maureen H. Murdock: »Meditation with Young Children« in: *Journal of Transpersonal Psychology* 10, No. 1 (1978), Seite 39
4. Die Übungen 18 und 19 sind abgeänderte Versionen der Übung »Mea Machina/Mea Mandala« von Jean Houston in: *Life Force: The Psycho-Historical Recovery of the Self;* Dell, New York, 1980, Seiten 172–178

Kapitel 9
Innere und äußere Harmonie

1. Lawrence LeShan: *How to Meditate: A Guide to Self-Discovery;* Little, Brown, Boston, 1974, Seite 37
2. Center for Attitudinal Healing: *There Is a Rainbow Behind Every Dark Cloud;* Celestial Arts, Millbrae, California, 1978, Seite 63

3. Paul D. MacLean, M.D.: »A Mind of Three Minds: Educating the Triune Brain« in: *Education and the Brain;* National Society for the Study of Education, Chicago, 1978, Seite 340
4. Diese Übung wurde für Kinder verändert und basiert auf der Übung »Heart Meditation« in Bernhard Gunther: *Energy, Ecstasy,* Guild of Tutors Press, Los Angeles, 1978, Seite 62

Kapitel 10
Erwachsen werden

1. Maslow, Abraham H.: *Die Psychologie des Seins;* Fischer Taschenbuch Verlag, Frankfurt, 1978, Seite 199
2. Gendlin, Eugene: *Focusing. Technik der Selbsthilfe bei der Lösung persönlicher Probleme;* Otto Müller Verlag, Salzburg, 1981, Seite 7
3. Herman T. Epstein: »Growth Spurts during Brain Development«, *NSSE Yearbook;* part 2 (1978), Seiten 343–370
4. Aus der Focusing-Arbeit von Eugene T. Gendlin übernommen.

Kapitel 11
Die Suche nach der Identität

1. Diana Whitmore: *Kreativitätsspiele mit Kindern. Transpersonale Psychologie in der Erziehung;* Kösel Verlag, München, 1988, Seite 177
2. Die Übungen 32 und 33 basieren auf Übungen, die Jean Houston in ihren »New Ways of Being« – Workshops verwendet hat. Sie wurden auf die Bedürfnisse von Jugendlichen abgestimmt.

Bibliographie

Außer den in den Anmerkungen genannten Publikationen können folgende Bücher als weiterführende Lektüre empfohlen werden:

Argüelles, José und Miriam: *Das große Mandala-Buch. Mandala in Aktion;* Aurum Verlag, Freiburg, 1984

Bell, Ruth, und Leni Zeiger Wildflower: *Changing Bodies, Changing Lives;* Random House, New York, 1980

Bell, Ruth, und Leni Zeiger Wildflower: *Talking with your Teenager. A Book for Parents;* Random House, New York, 1983

Buzan, Tony: *Kopf-Training. Anleitung zum kreativen Denken. Tests und Übungen;* Goldmann Verlag, München, 1993

Edwards, Betty: *Garantiert Zeichnen lernen. Das Geheimnis der rechten Hirnhemisphäre und die Befreiung unserer schöpferischen Gestaltungskräfte;* Rowohlt Verlag, Reinbek, 1982

Feild, Reshad: *Ich ging den Weg des Derwisch. Das Abenteuer der Selbstfindung;* Fischer Taschenbuch Verlag, Frankfurt, 7. Aufl., 1993

Feldenkrais, Moshe: *Bewußtheit durch Bewegung. Verhaltensphysiologie oder Erfahrungen am eigenen Leibe;* Suhrkamp Verlag, Frankfurt, 1978

Galyean, Beverly-Colleene: *Mind Sight. Learning through Imaging;* Center for Integrative Learning, Long Beach, California, 1983. (Erhältlich über: Center for Integrative Learning, 450 West End Avenue, No. 14B, New York, NY 10024, USA)

Gardner, Howard: *Abschied vom J. Q. Die Rahmen-Theorie der vielfachen Intelligenzen;* Klett-Cotta, Stuttgart, 1991

Goertzel, Victor, und Mildred G.: *Cradles of Eminence;* Little Brown, Boston, 1962

Hampden-Turner, Charles: *Modelle des Menschen. Ein Handbuch des menschlichen Bewußtseins;* Beltz Verlag, Weinheim, 2. Aufl., 1991

Hendricks, Gay, und Wills, Russel: *Zur Mitte hin! Bewußtseinsübungen für Kinder, Eltern und Lehrer;* Werkstatt-Edition, Dachsberg, 1986

Kazantzakis, Nikos: *Alexis Sorbas;* Ullstein Verlag, Berlin, 1993

Leonard, George: *Der Rhythmus des Kosmos;* Rowohlt Taschenbuch Verlag, Reinbek, 1986

Machado, Luis Alberto: *The Right to Be Intelligent;* Pergamon Press, New York, 1980

Maslow, Abraham H.: *Motivation und Persönlichkeit;* Rowohlt Taschenbuch, Reinbek, 1981

Masters, Robert, und Houston, Jean: *Bewußtseinserweiterung über Körper und Geist. Ein praktisches Übungsbuch;* Kösel Verlag, München, 2. Aufl., 1986

Masters, Robert, und Houston, Jean: *Phantasie-Reisen. Zu neuen Stufen des Bewußtseins. Ein Führer durch unsere inneren Räume;* Goldmann, 1989

Pearce, Joseph Chilton: *The Crack in the Cosmic Egg;* Washington Square Press, New York, 1973

Pearce, Joseph Chilton: *Magical Child;* Bantam Books, New York, 1980

Pearce, Joseph Chilton: *Magical Child Matures;* Dutton, New York, 1985

Pietsch, Paul: *Shufflebrain. The Quest for the Holographic Mind;* Houghton Mifflin Co., Boston, 1981

Restak, Richard M.: *Geheimnisse des menschlichen Gehirns. Ursprung von Denken, Fühlen und Handeln;* moderne verlagsgesellschaft, Landsberg, 1989

Rozman, Deborah: *Meditation für Kinder;* Verlag Hermann Bauer, Freiburg, 2. Aufl., 1993

Rozman, Deborah: *Mit Kindern meditieren;* Fischer Taschenbuch Verlag, Frankfurt, 1988 (4. Auflage)

Sagan, Carl: *Die Drachen von Eden. Das Wunder der menschlichen Intelligenz;* Droemer Knaur Verlag, München, 1978

Samples, Bob: Der Geist von Mutter Erde. Ganzheitlichkeit und planetares Bewußtsein; Goldmann Verlag, München, 1986

Sendak, Maurice: *Wo die wilden Kerle wohnen;* Diogenes Verlag, Zürich, 1987

Steiner, Rudolf: *Die geistig-seelischen Grundkräfte der Erziehungskunst;* Verlag Freies Geistesleben, Stuttgart, 1981

Tobias, Sheila: *Overcoming Math Anxiety;* Houghton Mifflin Co., Boston, 1978

Zeitschriften

Brain/Mind Bulletin; P.O. Box 42211, 4717 N. Figueroa Street, Los Angeles, CA 90042

Journal of Humanistic Psychology; 325 Ninth Street, San Francisco, CA 94103

Journal of Transpersonal Psychology; P.O. Box 4437, Standford, CA 94305

On the Beam; New Horizons for Learning, P.O. Box 51140, Seattle, WA 98115

Musikvorschläge

Die im folgenden aufgeführten Musikstücke eignen sich als Begleitmusik auf Phantasiereisen. Die mit * markierten Kassetten können über das Prana-Haus im Verlag Hermann Bauer KG, Postfach 167, 79001 Freiburg, bezogen werden.

Ancient Echoes; Steven Halpern
Apurimac-Flüstern der Götter; Cusco*
Chariots of Fire; Vangelis, Polydor PD-1-6335
Dawn Melodies; Leonardo Rubinstein*
Deep Breakfast; Ray Lynch, Ray Lynch Productions, 1984
Die Moldau; Smetana (verschiedene Interpretationen)
Die vier Jahreszeiten; Vivaldi (verschiedene Interpretationen)
Frühlingskonzert; Walter Tilgner*
Gymnosphere: Song of the Rose; Jordon de la Sierra, Unity Records, Box 12, Corte Madera, CA 94925
Heaven and Hell; Vangelis, RCA LPL-1-5110
Impressions; Jean-Claude Mara/Elisabeth Vaellti*
Island Cruise; Cusco*
Kanon in D; Pachelbel (verschiedene Interpretationen)
Klangfelder von Orten der Kraft – Element Erde, Element Feuer, Element Luft, Element Wasser, Transzendenz
Morgaine; Djamila*
Music Mantras und *Music Mantras 2**
Nachtigall; Walter Tilgner*
Ocean; Stephan Micus*
Oxygene; Jean-Michael Jarre, Polydor PD-1-6112
Silver Wings; Mike Rowland*
Sky of Mind; Ray Lynch, Ray Lynch Productions, 1984
Summer Day – Nadeen; Johan Troost*
The Fairy Ring; Mike Rowland*
The Way In Is The Way Out; Marti Glenn and Leslie Spilsbury, Visionary Press, 7321 Lowell Way, Goleta, CA 93117
Virgin Islands; Cusco*
Zen Tunes; John Selby/Michael Vetter*

Verlag Hermann Bauer · Freiburg im Breisgau

Elisabetta Furlan

Komm, wir spielen Yoga

4. Auflage
140 Seiten mit 73 Abbildungen,
101 Zeichnungen
und einem farbigen Poster; kart.
ISBN 3-7626-0398-7

Dieses Buch ist in erster Linie ein Buch für Kinder, wendet sich aber ebenso auch an Eltern und Lehrer. In einfacher und leicht verständlicher Form sowie mit Hilfe vieler hübscher Zeichnungen erklärt die Autorin die Grundpositionen und die Philosophie des Yoga. Unter anderem werden die klassischen Positionen durch Tier- und Pflanzennamen in anschaulicher Bildhaftigkeit bezeichnet. Darüber hinaus wird die Atemtechnik, aber auch die zum Yoga gehörende Lebenshaltung auf kindgerechte Weise vermittelt. Im körperlichen Bereich unterstützt Yoga bei Kindern ein gesundes Wachstum, im seelischen Bereich sorgt es bei unruhigen oder aggressiven Kindern für mehr Ausgeglichenheit und vermag als kommunikatives Spiel Ängstlichkeit und Kontaktscheu abzubauen. Für Eltern und Lehrer eröffnet das Buch ganz neue Möglichkeiten im Zusammensein mit Kindern, ob zu Hause oder in der Schule.

Deborah Rozman

Meditation für Kinder

2. Auflage
216 Seiten mit 3 s/w-Abbildungen und
10 Zeichnungen; kart.
ISBN 3-7626-0434-7

Dieses Familienbuch gibt Eltern Ratschläge und Anregungen, wie sie Kinder an Meditation heranführen können. Es wendet sich vor allem an solche Eltern, die um ein offeneres, harmonisches und freieres Gemeinschaftsleben innerhalb der Familie bemüht sind und zu ihren Kindern auf diesem Wege besonders intensive innere Bindungen aufbauen wollen. »Meditation macht Spaß«, dieser Gedanke soll im Vordergrund stehen, wenn Eltern und Kinder miteinander meditieren. Das frohe Familienritual trägt dazu bei, daß Kinder ein positives Selbstbild entwickeln, mehr Energie gewinnen und besser lernen, sich zu beherrschen. Deborah Rozman, die sich vor allem als Kinder- und Familienpsychologin einen Namen gemacht hat, zeigt eine Fülle von Meditations- und Konzentrationsübungen für Kinder der verschiedenen Altersstufen.

Verlag Hermann Bauer · Freiburg im Breisgau